2010 부의 대이동

KI신서 1407

2010 부의 대이동

1판 1쇄 발행 2008년 5월 26일
1판 4쇄 발행 2008년 9월 12일

지은이 박덕배 **펴낸이** 김영곤 **펴낸곳** (주)북이십일 21세기북스
기획 김수연 **편집** 최순애 **디자인** 박선향 김정인 김진희 **마케팅** 주명석 **영업** 최창규
출판등록 2000년 5월 6일 제10-1965호
주소 (우413-756) 경기도 파주시 교하읍 문발리 파주출판단지 518-3
대표전화 031-955-2100 **팩스** 031-955-2151 **이메일** book21@book21.co.kr
홈페이지 www.book21.com **커뮤니티** cafe.naver.com/21cbook

값 12,000원
ISBN 978-89-509-1466-0 13320

2010 富의 대이동

박덕배 지음

21세기북스
www.book21.com

2010년이 되면

2000년 이후 우리나라 사람들의 화두는 단연 부동산이다. 아파트 가격 폭등, 부동산 불패, 정부의 끝없는 부동산 정책 등. 이런 세상을 반영하기라도 하듯 서점의 경제서 코너에는 부동산으로 돈 벌었다는 책이 즐비하고, 대박을 마치 누구라도 터뜨릴 수 있는 듯 기술한 서적 등이 판쳤다.

2007년 들어 주식이 활황을 보이니까 또 온통 주식과 투기성 짙은 재테크 관련 책들이 서점가를 채웠다. 그러나 그 어느 책도 줏대를 가지고 한국 사람들이 나가야 할 방향을 일러 주지는 않았다. 이 책을 읽으면 그런 것 같고, 의구심이 들어 다른 책을 읽어 보면 또 그런 것 같았다. 이러는 사이 새로운 신도시 개발이 발표되자 또다시 주변 땅값과 주택 가격이 폭등했다. 책은 책대로 경제는 경제대로 제각각 굴러갔다. 우리는 현재 경제적 혼동의 시대에 와 있다고 해도 과언이 아니다.

　사실 우리나라 부동산 가격이 잔뜩 부풀어 있긴 하지만 아직 거품이라고 표현할 수는 없다. 그렇지만 현재 상황을 거품이라고 표현하는 것을 거부감 없이 받아들이는 실정이다. 우리나라 부동산 거품은 근본적으로 뿌리 깊은 '부동산 불패' 신화에 의존하고 있다. 그동안 정부는 수십 차례 부동산 대책을 내놓았다. 그럼에도 불구하고 쇠를 불구덩이에 넣었다가 물속에 집어넣어 담금질하면 더욱 강해지듯 '부동산 불패' 신화는 더욱 견고해져 갔다.

　그러나 이런 '부동산 불패' 신화가 최근 조금씩 흔들리고 있다. 특정 지역의 아파트 가격이 떨어지는가 하면 매물을 내놓아도 팔리지 않는 현상이 일어나고 있는 것이다. 중장기적으로 정부의 강력한 부동산 대책, 주택 공급 확대, 인구 감소 등에 따라 부동산 가격은 하락할 수밖에 없다. 하락하지 않더라도 이제 부동산은 더 이상 안전한 자산이 아닌 것은 분명하다. 즉, 부동산 시장은 연착륙이냐 경착륙이냐의 문제를 떠나 만일의 경우를 대비해야 하는 위험 자산이 되어 버렸다. 따라서 여전히 부동산으로 자산을 축적하는 것은 그만큼 위험 요소를 높이는 행위일 수밖에 없다.

원했든 원치 않았든 새로운 세상이 열리고 있다. 2010년, 우리 부동산 시장은 큰 변화를 겪게 될 것이다. 여러 가지 원인이 있겠지만 가장 먼저 전국에 산재해 있는 행정중심복합도시(세종도시), 공기업 이전과 관련해 제주·대구·광주·전남 등 혁신도시 10곳, 기업도시 6곳, 신도시 12곳이 이전되거나 이전이 시작되기 때문이다. 또한 판교, 송파, 파주, 동탄 등 참여정부 시절에 계획되었던 신도시가 서서히 모습을 드러내면서 방대한 규모의 신규 아파트가 쏟아질 것이다. 뿐만 아니라 서울 인구 재배치와 균형 발전을 꾀하는 은평, 북아현, 노량진 등 7곳에 해당하는 뉴타운 계획과 대규모 임대주택에 대한 윤곽이 나올 것이다. 이러한 변화는 엄청난 주택이 새롭게 공급되고 적지 않은 인구가 수도권에서 지방으로 분산되거나 수도권 내에서 이동된다는 것을 의미한다.

주택 수요 측면에서도 이제까지와는 다른 양상이 나타날 것이다. 경제가 크게 나아지지 않는 한 고가임에도 불구하고 사려는 수요는

6

더 이상 기대하기 힘들기 때문이다. 부동산이 위험 자산이란 인식도 수요를 방해하는 요소가 되고 있다. 그리고 주택 수요의 기초가 되는 가구도 2010년을 기점으로 적지 않은 변화가 일어날 것으로 예상된다. 전반적으로 인구 증가율이 둔화되면 가구 증가율도 둔화되겠지만, 전통적 가치관이 빛을 잃고 고령 인구가 증가하는 등 사회 구조의 변화에 따른 여파로 소형 가구가 빠르게 늘어나는 대신 중대형 가구는 줄어들 것이다.

2010년경에는 한미 FTA가 본격 시행될 가능성이 크다. 이 경우 경쟁력을 잃은 농업 부분이 변모하는 과정에서 우리나라 부의 지도가 근본적으로 바뀔 수 있다. 농·축산업 등에서 대대적인 구조조정이 불가피해지면서 농·축산업 등을 포기한 농민들이 대거 농토를 팔고 도시로 몰려들 가능성이 있다. 이는 농지와 임야 매물이 증가함을 의미한다.

이와 때를 맞춰 우리나라 중산층의 중심에 있는 베이비부머들이 본격적으로 은퇴를 시작하게 된다. 1955년에서 1963년 사이에 태어난 대규모 인구 집단인 이들이 2010년에는 평균 은퇴 연령인 55세에 진입하게 된다. 멀리서 찾을 필요도 없이 베이비부머인 내 또래 친구들은 이미 하나둘 퇴직하기 시작했다. 당연한 사회적 요구지만 당사자들은 억울하다. 열심히 일했는데, 노후 준비를 아직 하지 못했는데 이미 퇴직 대열에 들어선 것이다. 앞 세대보다 상대적으로 고등교육을 받고 그것을 밑받침으로 1980년대 이후 우리 경제를 이

끌어왔지만 시대적 변화는 어쩔 수 없다.

특별한 대안이 없는 다음에야 50대 퇴직이라는 사회적 요구를 막을 방법이 없다. 더구나 800만 명에 이르는 베이비부머들은 마땅한 노후 대책도 없다. 그동안 상대적으로 풍족한 소비생활을 하고 자식 교육에 열성적으로 '올인' 하느라 금융자산을 쌓아 둘 여력이 없었다. 그나마 있다면 집뿐이다.

그럼에도 이들은 화려하고 긴 노후를 꿈꾸어 왔다. 이 땅 중산층의 핵심인 베이비부머와 곧 은퇴하거나 이미 은퇴한 세대들은 변화된 시대에 맞는 부의 형태를 갖지 못했다. 그들은 대부분 집밖에 가진 것이 없고, 금융자산이라고는 저금리 은행 예금뿐이며, 연금마저 매우 불투명하다. 금융자산을 늘리기 위해 주식 투자를 고려해 보지만 이 또한 불안하다.

현재 우리나라 평균수명은 80세에 근접하고 있다. 수명이 길어졌다는 건 분명 축복받을 일이지만 현실은 그렇지도 않다. 단순히 계산하더라도 짧게는 25년이라는 시간을 소득 없이 살아야 하기 때문이다. 그렇다면 50대 중반에 은퇴할 한국인들에게 25년을 버틸 돈이 있는가? 기본 생활비와 진료 또는 요양에 필요한 자금은 급증하는 실정인데 수입은 따라 주지 않는다. 그렇다고 국가가 우리 미래를 보장하지도 않는다. 개인이 알아서 고령화 사회에 대비해야 한다는 말이다. 은퇴를 앞둔 한국인들 대부분은 열심히 살았는데 왜 이처럼 미래는 불안한 것일까? 이대로 기나긴 노후 생활을 맞이하는 것은 매우 위험하다.

부동산 시장과 인구구조의 변화가 가져올 영향을 정확히 예단하기는 어렵지만 집이 재산 대부분을 차지하는 우리나라 중산층은 충격이 클 수밖에 없다. 현재 우리나라 중산층 이하는 가계 자산의 80퍼센트를 부동산으로 갖고 있다. 그래서 부동산 가격이 급등하면서 가계 빚도 빠르게 증가했다. 부동산은 무조건 오른다고 맹신하며 금융기관의 대출에만 힘입어 부동산을 구입한 결과다. 이런 상태에서 어떤 계기로 부동산 가격이 떨어지면 가계가 유동성 위기를 겪으면서 더 큰 폭으로 떨어질 수 있다. 자칫 IMF(구제금융) 시절보다 더한 고통과 위기를 불러올 수도 있다.

일찍이 고령화 문제에 직면한 일본인들은 1990년대 '토지 불패' 신화 붕괴 후에는 단독주택이나 대형 아파트 구입을 기피했다. 반면 안전한 우체국 예금에 꼭꼭 숨겨두거나 원룸 임대사업을 하거나 투자수익률이 금리보다 높은 부동산 펀드를 하거나 해서 부를 이동했다. 미국도 1990년대 고령화에 직면한 중산층 베이비부머들이 연금이나 뮤추얼펀드 등을 통하여 주식 관련 상품으로 자신들의 부를 이동했다. 물론 이들 두 나라는 차이가 있지만 고령화 사회에 대비해서 부를 부동산에서 금융자산으로 옮긴 것은 같다.

최근 국내 가계 자산의 포트폴리오 역시 부동산에서 금융자산으로 이동하는 움직임을 보이고 있다. 그동안 부동산에 머물고 있던 자금들이 속속 적립식 주식형 펀드로 이동하고 있다. 앞으로 이 현상에는 더욱 가속도가 붙을 것이다. 20퍼센트라는 가계 금융자산 비중이 당장 일본의 50퍼센트대, 미국의 60퍼센트대로 올라서기는 힘들겠지만 치열한 금융자산 확보 경쟁을 통하여 서서히 조정될 것으로 보인다. 특히 전(全) 직장에서 퇴직연금 제도를 도입하는 2010년 이후에는 직장인들 대부분이 자신의 금융자산 찾기에 안간힘을 쓸 것이다. 국내에서도 발 빠른 자산가들은 이미 몇 년 전부터 부동산 자산에서 금융자산으로 배를 옮겨 탔다. 매년 국세청에 신고하는 상속세 재산 내역에서 부동산보다 금융자산 비율이 급증하는 것으로도 알 수 있는 대목이다.

부동산 시장이 변화하고 대규모 인구 집단이 고령화되면서 새로운 금융자산과 다른 형태의 부동산 자산을 요구하고 있다. 이는 우리나라 부의 패러다임이 변화될 것임을 예견케 한다.

불과 2~3년 뒤에 많은 것이 변화되고 재편되리라 예상되는데도 여전히 나하고는 상관없다고 생각하지 않는지 걱정이다. 과연 우리나라의 부는 어떻게 바뀔 것인가? 새로운 패러다임에는 어떻게 대처하고, 또 무엇을 해야 한단 말인가? 이 현실이 우리에게 위기이기도 하지만, 한편으론 자산을 새롭게 재편할 수 있는 기회이기도 하다. 베이비부머의 한 일원으로서 나 역시 위기를 공감하고 있다. 2010년 부의 대이동이 시작되면 무엇을 어떻게 준비해야 할까? 1인당 국민소득 2만 달러 시대라고 하는데 전혀 실감하지 못하는 우리들. 도대체 한국인의 돈을 거머쥐고 있는 사람들은 누구란 말인가.

이 책은 경제적 혼돈의 시대에 무엇을 취하고 버릴지를 고민하는 베이비부머와 그 주변 세대들에게 곧 닥칠 부의 대이동에 대비하는 길을 터 주고자 하는 마음에서 쓴 것이다.

2008년 5월

저자 박덕배

CONTENTS ▸▸▸▸▸▸

3장 우울한 중산층

Ⅱ 새로운 패러다임으로 건강한 부를 형성하라

1장 2010년 부의 새로운 패러다임

2장 건전한 금융 투자

3장 건강한 부의 형성과 관리

I

한국 부의 공식이
깨어지다

불안한 한국인의 부

가진 거라곤 달랑 집 한 채

현대의 주택은 과거 은신처 역할에서 벗어나 복잡하고 다양한 의미를 지니는 거주지로 변했다. 특히 우리나라 사람들의 집에 대한 애착과 한정된 국토 환경, "집 한 채는 자식에게 물려주어야 한다"는 독특한 정서가 주택을 주거가 아닌 소유 개념으로 만들었다. 이 중 전후(戰後) 세대들은 부모로부터 주택의 필요성을 암묵적으로 교육 받았다. 사실 그 믿음과 바람처럼 '집 한 채'만 있으면 별문제 없이 살아가던 시대도 있었다. 하지만 앞으로도 그것이 가능할까?

통계청에 의하면 2006년 우리나라 가구의 평균 자산 중에서 부동산은 76.8퍼센트로 절대적인 비중을 차지하고 있다. 금융자산으로 포함되는 전월세 임대료를 부동산 자산으로 생각해 보면 그 비율은

81퍼센트로 더욱 높아진다. 이런 현상은 나이가 들수록 심화된다.

우리나라의 연령별 보유 자산 비중을 살펴보면 50대가 가장 많은 자산을 가지고 있으며, 부동산 보유 비중은 나이가 들수록 커지고 있다. 이를 다시 해석하면 나이가 들수록 가진 것은 집밖에 없다는 말이다.

비슷한 시기에 조사한 대한상공회의소의 결과 역시 주택 등 실물 자산이 높게 나타났다. 전국 7대 도시 700가구를 대상으로 조사한 결과, 거주 주택이 평균 83.4퍼센트를 차지하고 있다. 비록 통계청의 조사 표본과는 다르지만 실물 자산 비중의 경우 도시 가구가 나

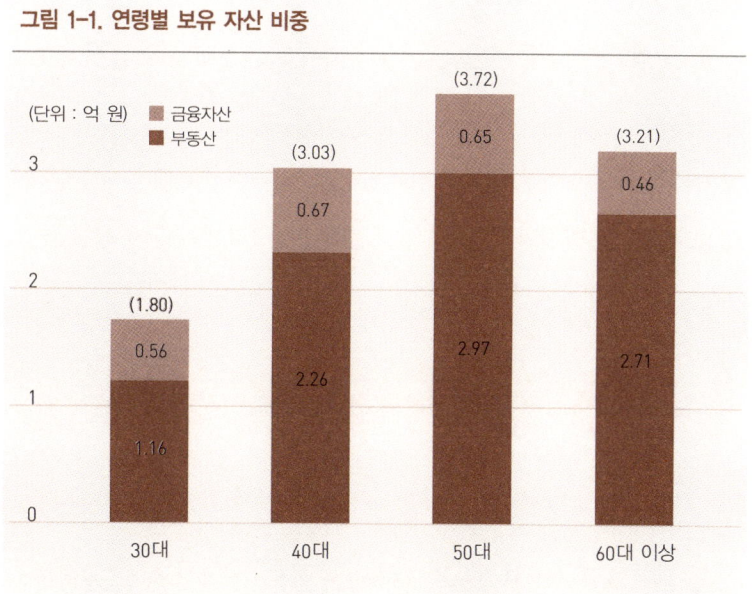

그림 1-1. 연령별 보유 자산 비중

(단위 : 억 원)

■ 금융자산
■ 부동산

연령	부동산	금융자산	합계
30대	1.16	0.56	(1.80)
40대	2.26	0.67	(3.03)
50대	2.97	0.65	(3.72)
60대 이상	2.71	0.46	(3.21)

자료 : 통계청

라 전체 가구보다 더 크다는 사실을 알 수 있다. 이 말은 도시의 집 값이 비싸서 가계 자산에서 차지하는 비중이 높다는 뜻이다.

금융자산 비중이 월등히 높은 미국과 일본

그렇다면 미국과 일본의 경우를 살펴보자. 이 두 나라는 우리나라 와 경제, 정치, 사회 분야 등에서 밀접한 관계를 맺고 있다. 때문에 우리나라와의 유사점은 물론 차이점 역시 극명하게 찾을 수 있다. 더불어 벤치마킹 하기에 매우 적절한 국가들이기도 하다.

먼저 미국을 살펴보면, 우리와는 자산 구조가 정반대임을 알 수 있다. 전통적으로 미국 가계는 실물 자산과 금융자산 비율이 35 대 65 정도로 금융자산 비중이 더 크다.

미국은 제2차 세계대전을 거치면서 50~60퍼센트대의 높은 경제 성장률을 기록했지만 1970~1980년대에는 2퍼센트대 성장률을 보 이면서 경제 침체기에 접어들었다. 그러나 금방이라도 침몰할 것 같 던 미국 경제는 1990년대 들어서면서 '고성장, 저물가' 현상으로 다 시 살아났다. 기존의 경제 원칙에 따르면, 기업의 투자 수요 증가는 금리를 인상시키고 기업의 이윤 확대와 그에 따른 근로자의 소득 증 가는 인플레이션을 유발한다. 하지만 1990년대 미국에서는 투자 확 대와 소비 증가에도 불구하고 저금리와 저물가가 공존하는 기현상이 발생했다. 당시 경제학자들도 제대로 설명할 수 없는 이 호황기를 우리는 IT, 디지털 등이 이끈 '신경제(New Economy)'라고 부른다.

1980년대부터 기업들이 구조조정을 실시한 결과 건전성이 높아지고 수익성이 좋아져 주주들에게 돌아가는 배당률이 높아졌다. 이에 따라 다우지수는 310퍼센트, 시가총액은 340퍼센트나 상승하면서 1990년대에 이르러 미국의 주식시장은 유례없는 호황을 누렸다. 주가가 크게 오르자 1999년 미국 가계의 금융자산 비중은 70퍼센트 수준까지 증가했다. 2000년대 초반에는 주식시장이 붕괴되고 부동산 가격이 급등하면서 금융자산 비중이 60퍼센트 수준으로 하락했지만, 이후 65퍼센트 수준으로 회복하고 있다.

미국인들은 특히 주식, 뮤추얼펀드 등 주식 관련 금융 상품을 선호하는 경향을 보인다. 뮤추얼펀드란 투자회사가 소액 투자자들로부터 자금을 모아 채권, 주식 등에 간접투자하는 상품을 말한다. 1991년 초 4,000억 달러 수준에 그친 뮤추얼펀드 자산총액은 미국 증시가 최고조에 달한 1999년 말 3조 4,000억 달러까지 증가했다. 연금의 조기 인출을 제한하는 등 연금제도를 개선하자 개인연금이 주식시장으로 투자되었다. 이것은 미국 경제가 활성화되고 주가가 오르면서 연금 기금의 자산을 증가시키는 효과까지 낳았다. 우리나라도 뮤추얼펀드가 있지만 아직까지는 수익증권 펀드가 주종을 이루고 있다.

일본의 경우 부동산 거품이 극에 다다른 1990년, 실물 자산의 비중은 64퍼센트로 우리나라와 비슷했다. 일본도 우리나라와 비슷하게 실물 자산으로 노후를 대비했지만 토지 불패 신화가 붕괴되자 실물 자산에 대한 믿음도 깨지면서 금융자산을 축적하기 시작했다. 그 결과 일본의 금융자산 비중이 실물 자산 비중을 능가하게 되었고, 일본 내각부 자료에 따르면 2004년 일본인의 금융자산 비중은 58퍼센트로 나타났다.

하지만 일본인들은 초저금리 상황에서도 주식보다는 안전한 저축 예금을 선호하여 개인 금융자산의 절반을 우편예금 형태로 보유했다. 이런 현상은 일본이 고령화 문제와 저성장에서 벗어나지 못한 원인이 되기도 했다.

주머니에 꽁꽁 숨겨둔 돈을 풀어야 침체된 내수 경기가 살아날 텐데 '토지 불패'가 붕괴하고 장기간 경기 침체를 맛본 일본인들은 좀처럼 돈을 쓰지 않았다. 일본인들의 금융자산이 계속 우체국에 쌓이면서 장기 침체 상태에 직면하게 된 것이다. 참고로 일본의 수익증권 등 간접투자 상품과 주식 등 고수익·고위험의 직접투자 상품은 1990년대 후반 이래 줄곧 12퍼센트대 미만으로 유지되고 있다.

이처럼 위 두 나라와 단순히 비교해 봐도 우리나라의 금융자산은 매우 부족한 상황이다. 하지만 현실과는 다르게 대한상공회의소 설문조사 결과, 우리 국민들이 안정적이라 생각하는 가계 자산 구성비는 금융자산이 45.8퍼센트, 실물 자산이 54.2퍼센트로 나타났다.

우리나라는 금이 철철 나오는 금광을 가진 나라도 아니요, 그나마 가지고 있던 금조차 외환위기 때 나라를 살리겠다고 처분했다. 그렇다고 대체에너지로 개발될 만큼 광활한 옥수수 밭이 있는 것도 아니요, 석유도 나지 않는 나라다. 이처럼 천연자원이 희박하다 보니 땅과 주택이 실물 자산의 으뜸을 차지할 수밖에 없는 것이 현실이다.

하지만 최근 들어 부동산 자산에서 금융자산으로의 이동이 빨라지고 있다. 이는 부동산 시장 규제가 강화되고 실수요자 위주의 투자로 정착되면서 투자처로서 매력을 상실하고 있기 때문이다. 더불어 개인들이 금융자산을 통한 노후 대비의 필요성도 느꼈기 때문일 것이다. 아직도 '집 한 채'만 바라보고 있다면 생각의 구조조정이 필요하다.

아직도 은행이 최고

우리나라도 한때 금리가 20퍼센트대를 육박해서 은행 금리만으로 충분히 수익을 내던 시절이 있었다. 당시 정부와 사회는 국민들에게 저축의 미덕을 강조하며 이를 적극 권장했다. '금융기관 = 은행'이란 공식이 성립될 정도로 국민들의 은행에 대한 믿음과 신뢰는 대단했다. 이러한 영향 때문인지 각 가계 자산이 은행 예금 등 대부분 유동성이 높고 상대적으로 안전한 자산 위주로 구성되어 있었다.

특히 예금은 그 비중이 줄고 있기는 하지만 2007년 말 현재, 전체 금융자산 중에서 약 42.9퍼센트를 차지할 정도로 아직 그 비중이 높다. 반면 주식은 약 21.2퍼센트, 채권은 12.4퍼센트, 보험 및 연금은 22.8퍼센트 정도를 유지하고 있다. 특히 우리나라는 저축 개념의 보

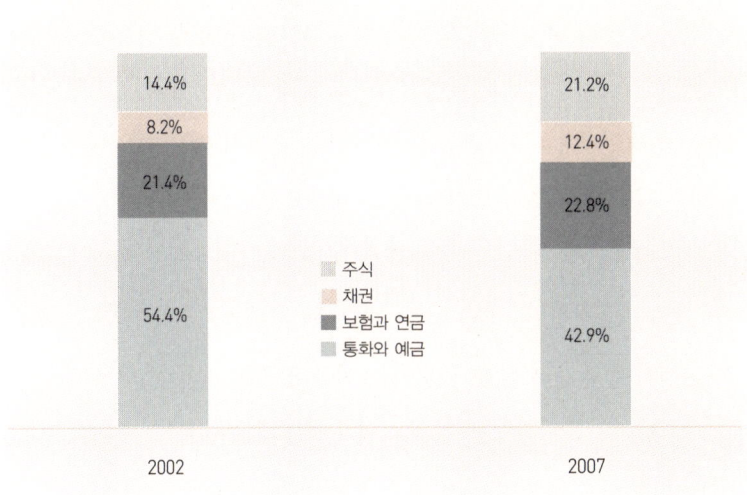

그림 1-2. 국내 개인의 보유 금융자산 구성비

14.4%
8.2%
21.4%
54.4%

21.2%
12.4%
22.8%
42.9%

주식
채권
보험과 연금
통화와 예금

2002

2007

자료 : 한국은행

험이 많은데 이것을 합할 경우 예금의 실질 비중은 더욱 높아진다. 이는 개인들이 전통적으로 예금 보유를 선호한 때문이기도 하지만, 외환위기 이후 증가된 안전 자산 선호 현상에 따른 비정상적인 자금의 흐름도 한몫했다.

1999년 여름 우리나라는 대우 사태를 겪었다. 당시 대우는 현금을 확보하기 위해 100억 달러에 달하는 채권을 발행했다. 그래서 부채 비율이 400퍼센트까지 치솟았는데, 외환위기와 그 여파인 고금리 압박을 받자 빚으로 빚을 갚기 시작했다.

당시 '세계 10대 자동차 기업'이자 우리나라 3대 재벌 기업인 대우의 고수익 채권을 사람들은 의심 없이 구입했다. 그러나 이들은 수익증권 투자에서 사상 처음으로 손실을 맛봐야 했다. 한국 대표 기업이 무너진 것도 놀라웠지만 펀드에서 엄청난 마이너스 수익률이 났다는 것이 더 큰 충격이었다. 당시 대기업들 상황은 모두 비슷했다. 하지만 '대우'가 갖는 상징적 의미가 커서 예로 들었다.

대우 사태는 저축과 투자 개념을 제대로 인식하는 계기가 되었다. 그동안 채권과 주식 등 수익증권을 저축으로 생각하던 사람들의 인식이 변하기 시작한 것이다. 즉, 이자는 둘째치고 원금만은 보전하자는 생각에 안전 자산을 선호하는 현상이 팽배해진 것이다.

2007년 증시가 활황세를 보이면서 그 어느 때보다 주식에 많은 관심이 쏠렸다. 하지만 정작 주식을 정확하게 이해하는 사람은 많지 않다. 그저 남들이 다 하니까 따라하는 투자자도 많은 현실이다. 누구나 하나쯤은 가지고 있다는 펀드 역시 주식이나 채권처럼 손해를 볼 수 있는 금융 상품이라는 사실을 모르고 저축 개념으로 생각하는 사람이 많다. 이는 금융기관의 홍보 부족과 더불어 투자자들이 스스로 공부를 하지 않은 탓이다.

주식이란 무엇인가? 이는 필자가 대학교에서 금융 생활에 대해 강의할 때마다 학생들에게 던지는 질문이다. 하지만 이 질문에 쉽게 대답하는 학생은 찾아보기 힘들다. 증권사 현황판 앞에 앉아 주식의 흐름을 보고 있는 투자자에게 같은 질문을 던져도 마찬가지 아닐까?

주식이란 주식회사가 자본금을 조달하기 위해 발행한 출자증권이다. 기업이 창출하는 수익을 채권 보유자 등에게 약속된 금액대로 먼저 분배한 후 그 나머지를 주식 소유자 즉, 주주에게 지불할 수 있는 유가증권인 것이다. 주식은 자본주의 경제의 꽃이고, 주식시장은 자본주의 산업을 뒷받침하는 시스템이다. 그런데 주식으로 떼돈 번 사람들 애기만 믿고 오직 대박만 바라며 주식시장에 뛰어드는 게 상당수 투자자들의 모습이다.

이는 우리나라가 아직 주식을 '투자'가 아니라 '투기'로 보기 때문에 일어나는 현상이다. 국내 주식시장에 대한 불신은 1975년 건설주 파동으로 시작되었다. 당시 중동 특수와 맞물려 건설주가 천정부지로 오르면서 3년간 건설업종은 무려 55배 상승률을 보였다. 단지 '건설'이란 이름이 붙었다는 이유로 주가가 폭등한 사례도 있었다. 그야말로 '묻지 마 투자'의 전형이었다. 시골에서 농사만 짓던 일부 농부들이 땅 팔고 소 팔아 주식 투자에 나섰다가 쪽박을 차기도 했다.

그리고 1999년 닷컴(dot.com)이 주식시장을 뒤흔들었다. 지난 1998년 외환위기에 발목이 잡혀 있던 주식시장, 특히 코스닥 시장은 닷컴 붐에 힘입어 엄청난 활황을 보였다. 당시 IT산업은 특별한 생산 설비 없이 인터넷을 기반으로 한 온라인상의 기업이 주를 이뤘다. 이 시기에 생겨난 다음, 야후, 네이트, 네이버, 엠파스, 라이코스 등과 같은 닷컴 기업은 우리나라뿐 아니라 미국 실리콘밸리, 영국 런던, 일본 도쿄 등지에 우후죽순으로 생겨났다. 당시 혁신적인 기업의 선두주자였던 닷컴 기업의 주가는 하늘 높은 줄 모르고 치솟았다.

2000년 3월, 코스닥 지수는 2,925.50으로 사상 유례없는 최고치로 치솟았다. 자고 일어나면 주식으로 '부자' 된 사람들이 연일 신문 지상에 소개되었고, 그래서 많은 샐러리맨들이 주식 투자에 뛰어들었다. 당시 사람들 대화는 '주식'으로 시작해서 '주식'으로 끝이 났다. 2007년 말, 코스닥 지수가 700~800인 것과 비교하면 당시 열기가 얼마나 대단했는지 알 수 있을 것이다. 하지만 2001년 하반기를 기점으로 닷컴 붕괴 조짐이 보이면서 꾸준히 하락해 2004년 8월에는 320.54까지 떨어졌다. 이 역시 고스란히 개인 투자자의 피해로 돌아갔다.

당시 아는 지인 역시 대박을 꿈꾸며 아껴 모은 거금을 벤처기업에 과감하게 투자했다. 처음엔 하루가 다르게 올라가는 주가를 보며 기쁨을 감추지 못했다. 불과 열흘 만에 30퍼센트 수익률을 웃도니 그럴 법했다. 그러나 그 기쁨도 잠시, 1년 만에 닷컴 거품이 꺼지고 말았다. 그가 투자한 돈은 반 토막이 났고, 손해를 만회하려 할수록 상황은 악화되었다. 근 6년간 입은 손해는 대략 1억 원에 달했다. 평범한 샐러리맨에게 1억 원은 정말 피 같은 돈이었다.

대박을 꿈꾸는 소위 '묻지 마' 투자는 투기일 뿐이다. 급등과 급락을 거듭하면서 불신만 깊이 안은 채 개인 투자자들은 썰물처럼 주식시장에서 빠져나갔다. 주식은 도박이며 패가망신의 지름길이라는 말이 나돌기 시작한 것도 이 무렵이다.

여전히 불안한 주식시장

투자 피해가 커지자 개인들은 점점 주식을 멀리하기 시작했다. 1999년 418만 명이던 주식 투자 인구가 2006년 말 361만 명으로 감소했다. 이를 경제활동인구 대비 비율로 보면 1999년 19.3퍼센트를 차지했던 주식 투자 인구가 2006년 15.2퍼센트로 줄어든 것이다. 다시 말해 경제활동인구 6.5명당 1명꼴로 주식을 보유하고 있다는 의미다.

그러나 사실 이러한 수치는 평균적인 개념이다. 대주주와 큰손들을 제외한 일반인들의 주식 보유율은 형편없다. 상위 1퍼센트도 되지 않는 개인 투자자가 전체 개인 보유 주식의 절반을 차지한다. 하지만 이들이 보유한 주식의 시가총액은 약 88조 원으로 전체 총액 비중의 약 52퍼센트에 달한다. 이에 비해 1,000주 미만을 보유한 개인 투자자는 전체 주주의 약 58퍼센트를 차지하나 시가총액 비중은 3.2퍼센트에 불과하다. 연령별로는 40대 주주가 115만 명이며, 보유 금액도 44조 원으로 가장 많았다. 30대 86만 명에 24조 원, 50대 74만 명에 44조 원, 60세 이상 54만 명에 41조 원 등이 뒤를 이었고, 19세 이하도 3만 5,000명에 달하는 것으로 나타났다.

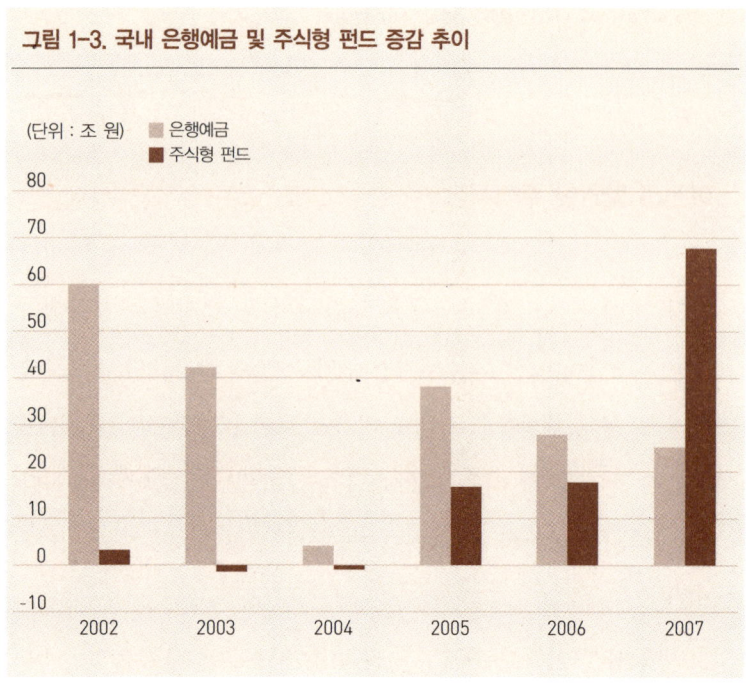

그림 1-3. 국내 은행예금 및 주식형 펀드 증감 추이

(단위 : 조 원) ■ 은행예금
■ 주식형 펀드

자료 : 한국은행, 자산운용협회

　　전반적으로 소득수준이 상승하고 저축이 증대하여 국내 개인 금융자산 규모가 2002년에 처음으로 1,000조 원을 넘어섰다. 이후 꾸준히 증가하여 2007년 말에는 1,716조 원을 기록했다. 이런 가운데 금융자산의 보유 형태도 일본형보다는 미국형으로 점차 변해 가고 있다. 2003년 이후 현금과 예금 비중은 서서히 떨어지는 대신 적립식 펀드 형태로 주식 비중이 꾸준히 상승하고 있다. 저금리에 지친 투자자들이 수익률에 민감해지면서 예금 위주의 자산 보유에서 탈피하기 시작한 것이다.

이에 힘입어 2007년 여름 코스피 지수는 2,000을 돌파했다. 그러나 축배의 잔을 들기도 전에 미국 서브프라임 모기지 여파로 불과 3주 만에 코스피 지수가 20퍼센트 하락하는 아픔을 겪었다. 이후 서브프라임 모기지 문제로 국제 금융시장이 불안해지면서 순식간에 코스피 지수가 1,600으로 하락하자 개인들은 다시 은행으로 유턴하고 있다. 그만큼 아직도 믿을 것은 은행예금뿐이라 여기는 듯하다. 아니, 예금을 선호하기보다는 은행을 지독히 좋아하기 때문이 아닌지 모르겠다.

10여 년 전만 해도 우리나라에 있는 은행들은 모두 우리나라 소유의 은행이었다. 그러나 지금 우리나라 은행 대부분은 외국계로 넘어가거나 외국인 소유가 된 지 오래다. 은행 소유주가 누구건 간에 이제는 은행에만 쌓아놓은 금융자산에 대해 한번쯤 고민해 봐야 할 시점에 다다른 게 아닐까?

충분하지 않은 연금

당신의 기대 수명은 얼마인가? 통계청 조사에 따르면 2006년 우리의 평균 기대 수명은 79.2세로 80세에 가깝다. 하지만 현실은 55세를 전후하여 은퇴하기 때문에 제2의 직업을 갖지 않는다면 수입없이 25년을 살아야 한다. 예상을 웃도는 빠른 고령화 사회는 우리에게 기초 생활비는 물론 의료비 부담까지 준다.

노환으로 시작되는 많은 질병들, 소득 없는 여생, 기본적인 생활비 부족 등에 대비한 수단이 바로 연금이다. 연금이란 노령 사회를 대비할 수 있게 정년 등의 이유로 퇴직한 사람에게 주어지는 일종의 정기적인 금전 지급이다. 따라서 연금은 다른 금융자산을 마련하지 못한 사람들의 최후의 보루라 할 수 있다.

선진국들은 국민의 노후 생활 보장을 위하여 이미 3층 연금 시스템을 갖추었다. 연금제도가 일찍부터 자리를 잡은 선진국들 경우 그 역사가 100년이 넘다 보니 공적 연금인 국민연금이 노후 자금의 30~40퍼센트를 차지하고 있다. 퇴직연금 비율 또한 20~30퍼센트 수준에 이르며 나머지를 개인연금이 차지하고 있다.

2005년 12월부터 우리나라도 퇴직연금제를 도입하면서 비로소 선진국과 같은 3층 연금 시스템 체계를 갖추게 되었다. 맨 아래층에는 국민의 기본 생활을 보장하는 공적 연금인 국민연금이 자리한다. 보통 회사를 다니면 자동적으로 국민연금에 가입하게 된다. 개인사

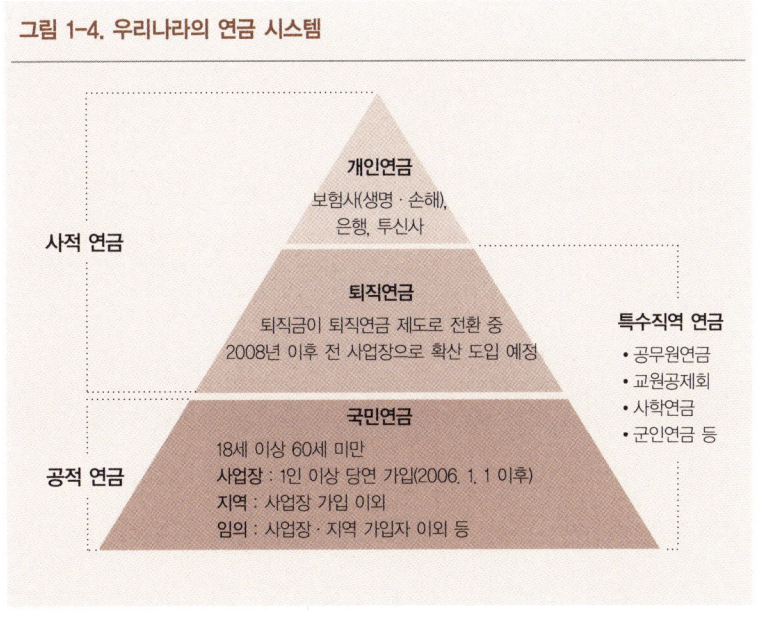

그림 1-4. 우리나라의 연금 시스템

사적 연금

개인연금
보험사(생명·손해),
은행, 투신사

퇴직연금
퇴직금이 퇴직연금 제도로 전환 중
2008년 이후 전 사업장으로 확산 도입 예정

특수직역 연금
• 공무원연금
• 교원공제회
• 사학연금
• 군인연금 등

국민연금
18세 이상 60세 미만
사업장 : 1인 이상 당연 가입(2006. 1. 1 이후)
지역 : 사업장 가입 이외
임의 : 사업장·지역 가입자 이외 등

공적 연금

업을 하는 사람도 연금에 가입할 수 있다. 그 위에 사적 연금이자 표준 생활을 보장하는 기업 퇴직금 또는 퇴직연금 등이 있으며, 최상층인 3층에는 여유 있는 생활을 위해 스스로 준비하는 개인연금이 있다. 그 외 공무원, 교직원, 군인 등은 공무원 연금, 사학 연금, 군인 연금 등 나름대로 연금 체계를 가지고 있다.

하지만 국내 연금 시스템은 공적 연금과 사적 연금 모두 매우 취약한 구조를 가지고 있다. 왜냐하면 든든한 받침목이 되어야 하는 공적 연금인 국민연금이 큰 문제를 내포하고 있기 때문이다. 국민연금이란 갑작스러운 사고로 사망하거나 장애를 입어 사회생활을 할 수 없을 때, 그리고 나이가 들어 소득 활동을 더 이상 할 수 없을 때 당사자 및 유가족의 생활을 보장하기 위하여 정부가 매년 정기적으로 일정액을 지급하는 제도다.

그런데 한국개발연구원(KDI)의 분석에 따르면, 현 상태가 지속될 경우 2047년 국민연금은 완전히 바닥이 난다. 국민연금에 대한 혁신적인 개혁이 없으면 2047년 이후에는 그 누구도 연금을 받지 못하게 된다는 말이다. 급속한 고령화와 심각한 저출산 문제 역시 연금 수급에 악영향을 미치고 있다. 연금을 내야 할 인구는 적은데 그것을 받아야 할 사람은 많아지는 기형적 구조가 형성되기 때문이다. 연금을 넣었으나 받을 수 없는 상황, 이러한 어처구니없는 현실 때문에 연금 가입을 기피하는 현상도 나타나고 있다. 심지어 국민연금 구조를 설계한 KDI마저도 사학연금에 가입하려다 사회적 물의를 일으킨 바 있다.

　말도 많고 탈도 많은 우리의 국민연금법 개정안이 2007년 7월 국회 본회의를 통과했다. 지금처럼 '돈은 그대로 내고, 덜 받는 방식'으로 말이다. 70퍼센트였던 연금 급여율(40년 가입 기준)이 1999년 60퍼센트, 이번 개정안을 통해 40퍼센트로 낮춰진 것이다. 현재 연금의 보험료율은 9퍼센트다. 이 방식을 아주 단순한 예로 적용하면, 월급 200만 원을 받는 신입사원이 매달 18만 원(회사 9만 원 포함)을 20년 동안 국민연금에 넣는다면 노후에 받을 수 있는 연금은 월 54만 원에서 40만 원으로 대폭 줄어든다는 말이다.

　이 개정안 통과로 연금기금의 고갈을 2047년에서 2060년으로 13년 늦출 수 있게 됐다. 하지만 40퍼센트로 조정한 연금 급여율도 추후 더욱 낮아질 전망이다. 낮아진 급여율은 수급액도 줄어드는 것을 의미하므로 노인 빈곤 해소나 노후 소득 보장에 제동이 걸리고 만다. 현재도 우리나라 국민연금은 대부분 퇴직 전 수입의 15~20퍼센트 수준에 불과한데, 앞으로 그 수준이 더욱 낮아진다면 큰일이 아닐 수 없다. 현재 국민연금은 근본적 해결 없는 응급조치로 수명만 연장해 놓은 것에 지나지 않아 결국 후세대들에게 엄청난 부담으로 돌아갈 것이다.

　곧 1차 베이비부머의 첫 주자인 1955년생은 2010년부터 한국 평균 퇴직 연령인 만 55세에 들어선다. 2018년에는 1차 베이비부머의 마지막 주자인 1963년생이 퇴직한다. 현재 상태로 유지된다면 국민연금은 2035년 1,920조 원을 정점으로 감소하기 시작하고, 연금 급여율이 추가로 낮아지지 않는다면 2060년에 기금은 고갈될 것이다. 그렇다 하더라도 1차 베이비부머는 국민연금의 수혜자다. 그들의 자식 세대가 연금 보험료를 내고 자산 시장을 떠받쳐줄 것이기 때문이다. 하지만 그 다음 세대가 살아야 할 경제 생태계는 더욱 혹독해진다. 설사 1차 베이비부머가 연금 시스템 붕괴를 피한다 해도 연금 자산 시장의 충격은 피할 수 없다. 만일 이대로 간다면 우리의 자녀 세대는 부동산, 주식, 채권 등 모든 자산 가격이 하락하는 충격을 온몸으로 겪을 수밖에 없게 된다.

국민연금보다 더욱 취약한 사적 연금

설상가상으로 우리나라의 사적 연금은 공적 연금보다 더 취약한 편이다. OECD 통계에 의하면 2005년 기준 GDP 대비 사적 연금 비율은 미국의 경우 93.8퍼센트, 일본은 18.8퍼센트인 데 비해 우리는 1.9퍼센트에 불과하다. 1인당 GDP 규모가 비슷한 포르투갈, 네덜란드 등에 비해서도 현저히 낮은 수준이다. 공적 연금에 대한 의존도가 낮아질 것이라 예상되면서 사적 연금의 필요성은 점점 커지고 있다.

먼저 사적 연금 중 연금의 2층 구조에 있는 퇴직금과 퇴직연금을 보자. 1961년부터 법적으로 강제된 퇴직금 제도는 잦은 이직과 조기 퇴직, 중간 정산, 퇴직금 일시 지급, 연봉제 확산 등으로 인해 노후 소득 보장이라는 당초의 취지를 전혀 살리지 못하고 있다. 또 일시금으로 지급되다 보니 퇴직금이 소액 생활 자금으로 사용되는 실정이다. 더구나 재정 사정이 어려운 중소기업은 도산한 경우가 많아 퇴직금을 아예 받지 못하는 근로자도 발생한다.

퇴직금 제도가 근로자의 수급권 보장을 못해 준다는 지적에 따라 1998년 퇴직보험(퇴직급여 충당금의 사외적립 제도 등)이 도입되었으며, 2000년에는 퇴직신탁이 도입되어 퇴직금 재원을 금융기관에 예치함으로써 예치된 금액만큼 근로자의 수급권을 보장하는 제도가 시행되었다. 그럼에도 불구하고 근로자의 수급권과 요구를 100퍼센트 충족시킬 수는 없었다. 이유는 최저 적립 기준이 없고, 직장을 이동할 때마다 퇴직금을 통산할 수 있는 장치가 없으며, 원리금 보장 위주로 구성되어 가입자의 다양한 요구에 부응하지 못했기 때문이다.

이처럼 퇴직금 제도가 노후 보장 기능을 발휘하지 못하자, 퇴직한 근로자들의 안정된 생활을 돕기 위해 2005년 12월 정부는, 미국의 기업연금과 같은 퇴직연금 제도를 도입했다. 퇴직연금 제도란 사용자가 매월 또는 매년 금융기관에 일정 금액을 적립하고, 근로자는 퇴직 후 일시금이나 연금으로 수령하는 방식이다. 퇴직연금은 2008년부터 5인 미만 사업장도 가입 가능하며, 10년 이상 일정 금액을 특정 금융기관에 적립하면 55세부터 연금을 받을 수 있게 된다. 그러나

2010년까지 의무적으로 도입해야 하는 퇴직연금은 퇴직금 일시 지급이라는 기업의 부담 때문에 2010년 이후에나 본격적으로 활성화될 것이다. 하지만 이 제도는 이제 막 사회생활을 시작한 샐러리맨들에게 돌아가는 혜택으로, 현재 은퇴를 앞둔 세대에게는 실질적 효과가 없다.

마지막으로 3층에 있는 개인연금을 살펴보자. 현재 은행, 보험, 자산운용회사들이 노후 생활을 보장한다며 연금신탁, 연금보험 등 다양한 개인연금 상품을 내놓고 있다. 이 상품은 근로소득이 있는 젊은 층들이 일정 금액을 적립하고 연금 또는 일시불로 받는 것이다. 그러나 저금리가 지속되면 저축성 개인연금의 배당률이 급격히 낮아져 개인연금 역시 외면당할 가능성이 높다.

미국의 경우 공적 연금부터 사적 연금까지 비교적 튼튼한 편이다. 2007년 2분기 현재 미국의 은퇴 자산(국민연금+퇴직연금+개인연금) 규모는 무려 17.4조 달러, 우리 돈으로 환산하면 약 1.6경 원이나 된다. 이는 미국 명목 GDP의 36퍼센트에 해당되고, 전체 가계 자산의 40퍼센트나 되는 어마어마한 규모이다.

하지만 일본의 사정은 조금 다르다. 1990년 부동산 거품 붕괴 후 장기 침체가 이어지면서 연금 개혁이 필요해졌다. 국가가 직접 나서서 내수 경기를 살려보겠다고 무리하게 재정을 소비한 결과, OECD 국가 중에서 이탈리아와 함께 국가재정이 가장 부실한 대표적인 국가로 전락하고 말았다. 연금이 충분치 않다는 말이다. 그나마 일본은 우리와 비교해서 노인복지시설이나 공적·사적 연금 시스템 등이 잘 갖추어져 있다. 그러나 일본인들은 정부의 공적 연금을 불신해 개혁이 필요하다고 목소리를 높였고, 결국 일본은 2004년 연금 개혁을 단행했다. 일반적인 국민연금인 후생연금은 물론 공무원 연금인 공제연금까지 지급 금액을 삭감하는 등 개혁을 단행하고 있다. 그러나 이러한 개혁에도 불구하고 일본의 베이비부머 세대인 단카이 세대들만 이 개혁을 통해 혜택을 볼 뿐, 아래 세대들은 혜택이 줄어들 것으로 전망되고 있다.

일본 작가 오쿠다 히데오가 2005년에 쓴 『남쪽으로 튀어』라는 소설이 있다. 베스트셀러를 쓰겠다지만 사실은 무위도식하는 가장이 주인공이다. 주인공은 국가를 신뢰할 수 없어 국민연금을 낼 수 없다며 자신은 일본의 국민이기를 포기한다고 말한다. 우스꽝스럽고 과장된 주인공이 하는 말이지만, 국가를 신뢰할 수 없어 국민이기를 포기하는 경우가 나타날지도 모른다. 이대로라면 우리나라도 국민이기를 포기하겠다는 사람이 나오지 말란 법이 없다.

과연 이 시점에서 우리는 국가를 믿어야 하는가, 아니면 나 자신을 믿어야 하는가. 자신이 아니면 그 누구도 책임져 주지 않는 노후, 참으로 서글픈 현실이다.

상환 계획 없는 대출

외환위기 이전에 우리나라 국민들은 국가와 마찬가지로 빚이 매우 적었다. 국민들은 허리띠를 졸라매고 일했고 아끼는 걸 미덕으로 여겨 과소비를 비난하곤 했다.

물론 과소비가 전혀 없었던 건 아니지만 지금처럼 지나치지 않았고, 사교육도 지금처럼 극성스럽지 않았다. 어쨌든 자신이 벌어들이는 한계 내에서 소비가 이루어졌다. 빚지는 일을 두려워했으며 빚을 낼 수 있는 통로도 많지 않았다. 그런데 외환위기 이후 집값 급등과 함께 빚이라는 그림자가 드리우기 시작하자 가계 빚이 빠르게 증가했다.

일반적으로 가계 빚은 가계 신용으로 파악할 수 있다. 가계 신용이란 일반 가정이 금융기관에서 빌린 돈과 외상으로 물품 등을 구입하고 진 빚 모두를 합한 것이다. 우리나라의 가계 신용은 외환위기 이후 저금리 기조가 정착된 가운데 주택 취급 금융기관의 공급 확대와 가계의 수요 증가가 동시에 진행되면서 빠르게 증가했다. 한국은행에 따르면 2007년 말 현재 가계 신용 잔액은 630조 7,000억 원을 기록하고 있다. 2000년 이후 363조 8,000억 원이나 증가한 수치다.

그러나 이 통계에는 대부업체와 무등록 사채업자의 대출액은 포함되지 않았다. 여기에다 소규모 개인기업과 민간 비영리단체의 부채까지 포함한다면 실제 가계가 금융기관 등으로부터 빌린 액수는

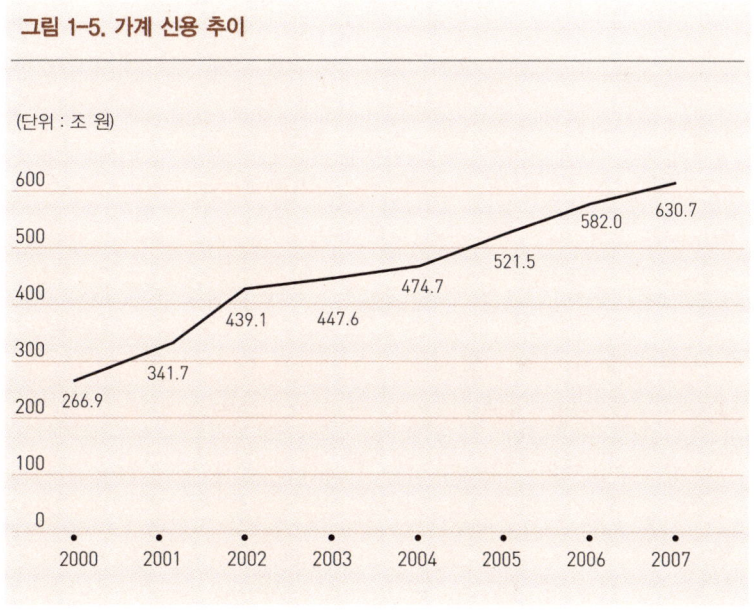

그림 1-5. 가계 신용 추이

(단위 : 조 원)

- 266.9 (2000)
- 341.7 (2001)
- 439.1 (2002)
- 447.6 (2003)
- 474.7 (2004)
- 521.5 (2005)
- 582.0 (2006)
- 630.7 (2007)

자료 : 한국은행

더 커진다. 이를 고려할 경우 실제 1가구당 가계 신용, 즉 빚은 4,000만 원 정도 될 것으로 생각된다.

내 빚은 어떻게 갚나

1999년 대비 2005년 말 가계 부채 증가율(OECD 통계)을 보면, 우리나라의 경우 스페인과 호주에 이어 세계 3위를 차지했다. 이미 미국, 일본 등과 비교해도 가계 부채 문제가 심각한 상태다. 2006년 말 기준으로 우리의 금융자산 대비 금융 부채 비율은 44.4퍼센트로, 미국의 31.6퍼센트, 일본의 22.7퍼센트보다도 크다. 가처분소득 대비 금융 부채 비율도 증가하여 2006년 말에 비해 어느 때가 1.42배 높다. 이 수치도 이미 미국의 1.38배, 일본의 1.18배보다 높은 수치다. 1.42라는 수치는 빚을 갚으려면 소비를 안 하고 1년 반 정도를 꼬박 벌어야 한다는 이야기다.

상황이 이런데도 한편에서는 상환 능력이나 부채 증가 속도 면에서 아직 크게 우려할 만한 수준이 아니라고 말한다. 하지만 우리가 절대 안심할 수 없는 데는 다음 두 가지 이유가 있다.

첫째, 우리나라는 대부분 실물 자산에 기반을 두고 있어 가계의 부채 상환 능력이 크게 떨어진다. 특히 2000년 이후 가계 빚은 주택을 담보한 은행 대출이 가장 큰 비율을 차지하고 있다. 그동안 부동산 담보대출을 통해 자산을 늘리고 부채 규모를 키워 왔기 때문이다. 어느 주택담보대출 관련 조사에 의하면 집을 장만하면서 대출을 받은 경우가 70퍼센트, 집의 담보 가치가 증가해 대출 규모를 늘린 경우는 30퍼센트였다. 그런데 대부분의 사람들은 최악의 경우 보유하고 있는 주택을 처분하여 부채를 상환하면 된다고 생각한다. 이는 부동산 가격의 비탄력성을 인식하지 못한 결과다.

부동산은 급등할 때는 수요가 있어도 매물을 내놓는 사람이 없지만 반대로 급락하는 경우에는 매물이 쏟아져도 실수요자가 없는 특성을 지니고 있다. 따라서 부동산 가격이 급락할 경우 실물 자산인 부동산이 팔릴 확률이 높지 않아서 부채 상환이 쉽지 않다. "집값이 오르면 그 차익으로 대출금을 상환하겠다"는 무모한 생각은 가정경제를 망치는 지름길이다. 넉넉한 금융자산이 없다면 자칫 개인 파산의 길을 선택할 수밖에 없는 것이다.

둘째, 우리의 가계 빚은 질적으로 매우 취약한 구조를 가지고 있다. 우선 주택담보대출의 만기가 그리 길지 않고, 대부분이 구체적인 상환 계획도 없이 빚을 졌다는 사실이다. 상당수가 주택 가격이 오를 경우 그 주택을 팔아서 갚겠다는 생각이다. 최근 주택담보대출의 만기가 장기화되고 있기는 하지만, 2007년 말 현재 여전히 만기일이 5년 미만인 주택담보대출이 전체 대출의 35퍼센트를 차지하고 있다. 대출 상환 방식의 경우 2003년 말에는 일시 상환과 분할 상환의 비율이 각기 86.0퍼센트와 14.0퍼센트로 대부분 일시 상환 방식이었다. 이후 정책 당국의 노력에 힘입어 2007년 말에는 40.8퍼센트와 59.2퍼센트로 오히려 분할 상환이 더욱 높아졌다. 하지만 분할 상환의 88퍼센트가 3년 정도 거치 기간을 가지고 있어 아직 본격적으로 원리금 분할 상환 시기에 진입하지 않았다.

선진국의 경우 대부분 주택 자금은 '장기 모기지'로서 단순 금융 상품이라기보다는 장기간 책임져야 하는 생활에 가깝다. 미국은 결혼과 동시에 모기지론으로 집을 구입하고 10~30년이라는 장기간 동안 고정 금리로 원금을 분할 상환하고 있다. 우리와는 매우 대조적인 모습이다.

특히 우리의 주택담보대출 구조를 연령별로 보면, 50대가 주택담보대출 규모가 가장 크다. 은퇴 연령이 55세인 요즘, '집 한 채'가 전 재산인 이들에게 예상치 못한 사건이나 사고가 일어날 경우 마땅히 대처할 방법이 없다. 50대가 가장 위험한 상황에 처한 것이다.

이처럼 대출에 대한 구체적인 상환 계획이 없는데 부동산 가격이 하락하고 만일 대출 금리가 크게 올라가면 부채에 대한 부담이 커질 수밖에 없다. 실제로 한 조사에 따르면 대출자의 과반수 정도가 대출이 과한 수준이며, 대출 때문에 현재와 미래의 삶이 저하된다고 응답한 바 있다. 이자율이 현재보다 2퍼센트 상승한다고 가정했을 경우 지장이 없다고 대답한 사람은 14.3퍼센트에 불과했다. 즉, 가계 대출을 받은 사람들 중 대부분은 이자가 오를 경우 생활비를 절감하든가 아니면 금융 상품을 매각하면서 고달픈 생활을 영위할 수밖에 없다는 말이다.

　우리에게 지금 필요한 것은 무엇보다 감당할 만큼 돈을 빌리는 것과 자신에게 맞는 상환 방법을 선택하는 것이다. 대처 방법은 의외로 간단하다. "어떤 방법으로 돈을 많이 벌 것인가"를 고민하지 말고, "어떤 방법으로 부채를 빨리 정리할 것인가"를 먼저 생각하면 된다. 흔히들 빚도 재산이라고 말하지만, 빚은 빚일 뿐 결코 재산이 될 수 없다.

과잉유동성이 만들어 낸
모래성 같은 부(富)

전 세계적으로 과잉유동성 문제가 크게 부각하고 있다. 2000년 이후 급증한 유동성(통화량)이 부동산 및 주식 등의 자산 가격을 거품화하고, 석유 등 원자재 가격 불안을 촉발시킨 주요 원인으로 작용하고 있기 때문이다. 글로벌 유동성 규모를 자세히 파악하기는 어렵지만 미 연방준비은행(FRB)의 본원통화와 세계 중앙은행들의 보유 미 채권을 대리변수(proxy)로 할 경우, 글로벌 유동성은 2001년~2006년 사이 70퍼센트 이상 증가하였고, OECD 국가들의 명목 GDP 대비 비중도 같은 기간 3.2퍼센트 포인트 증가하였다.

이처럼 글로벌 유동성이 급증한 원인은 무엇인가? 먼저 미국을 중심으로 한 주요국의 금융완화 정책 때문이다. 2000년 정보기술(IT)

거품 붕괴, 2001년 9·11 테러 사태 등으로 세계경제가 동시에 침체에 빠진 이후 글로벌 저금리 기조가 지속되었다. 미국 연준(FRB)은 2000년 7월 6.50퍼센트이던 연준 기준 금리를 2003년 12월 1.00퍼센트까지 내렸으며, 이 초저금리정책은 2004년 6월까지 지속되었다. 유럽연합(EU)의 경우 2005년 11월까지, 일본도 2006년 3월까지 경기회복을 위하여 저금리정책을 지속하였다. 이러한 저금리정책의 결과 세계의 통화 공급은 비약적으로 증가했고, 이에 따라 국제적인 유동성 과잉 현상이 초래되었던 것이다.

또한 미국과 동아시아 국가들을 중심으로 한 세계경제의 불균형 구조도 글로벌 유동성 확대에 기여했다. 미국의 경상수지 적자가 커질수록 무역 상대편인 동아시아 국가와 중동 국가들은 거액의 경상수지 흑자를 기록하게 되고, 그만큼 외환 보유액이 증가하고 있다. 2007년 말 현재 중국의 외환 보유고액은 1만 5,282억 달러, 일본 9,734억 달러, 러시아 4,764억 달러, 인도 2,756억 달러, 대만 2,703억 달러, 한국 2,622억 달러, 브라질 1,803억 달러 등을 기록하고 있다. 이 중 특히 BRICs(브라질, 러시아, 인도, 중국)의 외환 보유액 급증이 뚜렷하다.

뿐만 아니라 미국의 달러화 약세 기조에 대응한 무역 상대 국가들의 환율 방어 정책도 유동성 증가 요인으로 작용하고 있다. 그러나 이들 국가에서 증가된 유동성은 마땅한 운용처를 찾지 못해 미국 등 선진국 채권시장으로 환류되고 있는데, 이 역시 글로벌 유동성 수준을 재차 증가시키는 역할을 하고 있다.

저금리정책과 이에 따른 과잉유동성은 세계 경기 침체를 막는 데는 기여했으나 글로벌 자산 가격은 앙등시켰다. 특히 저금리의 달러 자금이 주요 선진국 및 신흥국의 부동산 시장과 주식시장으로 유입되면서 글로벌 자산 가격 거품으로 확산되고 있다. 1990년대 중반 이후 꾸준한 상승세를 보이던 유럽의 주택 가격은 2000년대 들어 가속되어 매년 연평균 7퍼센트 이상 상승세를 나타내고 있다. 비록 2005년 말부터 하락하였지만 미국 주요 지역의 주택 가격에도 거품 현상이 발생하였다.

주식 가격도 꾸준히 상승하였다. 미국 다우 지수는 2003년 초 8,000 수준에서 2007년 여름 1만 4,000대의 사상 최고치를 기록하였다. 2003년 초 8,000대의 일본 니케이 지수도 2007년 여름 1만 8,000대를 기록하였다.

2003년 초 1,500대 수준이던 중국 항생 지수는 2007년 여름 6,000대를 돌파하였다. 이러한 글로벌 유동성은 주식과 부동산뿐만 아니라 국제 원유·원자재 가격의 불안을 야기하였으며 금, 미술품, 곡물 등에까지 확산되고 있다.

우리나라도 금융완화 정책에 따른 과잉유동성 문제에서 예외가 아니다. 2001년 말 당시 미국의 9·11테러 영향으로 세계경제가 크게 위축되면서 우리나라도 본격적으로 저금리정책을 시작하였다. 이후 테러 수습이 진행되면서 세계경제가 빠르게 회복되었으나 저금리정책을 지속했다. 2003년 당시 신용카드 위기로 금리를 소폭이라도 인상하면 그 부작용으로 투자가 급감하고 급증한 가계 대출이 부도로 이어질 것을 우려했기 때문이었다. 한국은행은 2004년 11월 드디어 콜금리 목표 수준을 시장 최저치인 3.25퍼센트로 낮추었으며, 이러한 금리 추세는 약 1년간 지속되었다.

외환위기 이후 우리 정부는 경기회복과 금융시장 안정을 위해 통화를 늘리는 금융완화 정책을 지속했다. 여기에다 외국인들의 주식 투자 자금과 직접투자 자금 등 외화가 유입되면서 통화가 더욱 늘어났다. 외화가 유입되면 그 외화가 원화로 바꾸어지기 때문이다. 이뿐만 아니다.

참여정부의 신도시, 행정중심복합도시 등 각종 국토개발 계획에 따른 보상금 등도 한몫을 했다. 2003년부터 2008년까지 시중에 풀리는 토지 보상비는 무려 115조 원에 이를 것으로 추정되고 있다. 보상 받은 자들은 상당수 수도권 진입을 노렸다. 결과적으로 이 돈이 다시 부동산 시장으로 돌아왔고 자연히 부동산 가격을 상승시키는 데 기여했다. 결국 시중에는 언제든지 쉽게 이동할 수 있는 단기 부동 자금이 빠르게 증가했는데, 2007년 말 현재 족히 500조 원을 넘은 것으로 분석되고 있다.

문제는 최근까지도 과거에 풀린 통화량이 회수되지 않은 채 있다는 것이다. 2006년 들어서부터 외국환 은행들과 외은 지점들의 무위험 차익 거래와 외화 대출을 위한 차입이 급증하면서 국외 부분에서 본원통화 증가가 지속되고 있다. 금융 당국의 다양한 긴축 조치에도 불구하고 은행들의 가계와 중소기업에 대한 대출 확대 등으로 M2(광의 통화)와 Lf(금융기관 유동성) 등의 통화량 증가율은 2007년부터 두 자릿수를 지속하고 있다. 이러한 통화 공급 증가는 시차를 두고 시중 단기 유동성을 더욱 늘릴 것으로 전망된다.

국내 과잉유동성, 부동산에 먼저 쏠리다

과잉유동성은 부동산, 주식 등 초과 수익이 존재하는 곳으로 유입되어 순차적으로 자산 쏠림 현상(풍선 효과)을 유발시키고 있다. 무엇보다도 먼저 주택 가격을 천정부지로 올려놓았다. 2002년부터 본격적으로 오르기 시작한 국내 주택 가격은 강남 지역 11구 아파트의 경우 2007년 말까지 무려 2.22배나 상승하였다. 특정 지역의 특정 아파트는 4~5배까지 올랐다. 다급한 정부가 주택 가격 안정을 위하여 전방위적 정책을 펼친 결과 2006년 말 이후 주택 가격 상승률이 떨어지고 있다.

정부의 부동산 시장 규제가 강화되고 주택 가격 상승률이 둔화되면서 2006년부터 은행권의 주택담보대출 증가율은 낮아졌으나 중소기업에 대한 대출은 급증하였다. 2006년에는 중소기업 대출 증가액이 45조 3,000억 원으로 가계 대출 증가액 40조 9,000억 원을 능가하였고, 2007년 중 중소기업 대출 증가액은 2006년 증가액의 1.5배에 이르고 있다. 자금난에 시달리는 중소기업에 대한 대출 증가는 그 자체는 매우 반길 만하나, 자세히 뜯어보면 그렇지도 못하다. 중소기업 대출이 제조업보다는 부동산업과 건설업 등에 집중되고 있기 때문이다.

그나마 제조업 중에서도 우량 중소기업만 지원하고 있으며, 안타깝게도 대부분의 중소기업들은 여전히 자금난에 빠져 있다. 이에 따라 은행의 산업 대출금 잔액 가운데 부동산 관련 대출금 잔액의 비중이 2007년 11월 말 현재 16.4퍼센트까지 증가하였다. 결국 가계 대출뿐만 아니라 중소기업 대출도 부동산 가격 하락 위험에 노출될 가능성이 커진 셈이다.

한편 2007년 들어 정부의 부동산 시장 안정 의지가 효력을 보이자 그동안 부동산 시장에만 기웃거리던 풍부한 시중 유동성이 본격적으로 주식시장을 넘보고 있다. 적립식 펀드의 실적 호조에 힘입은 주식형 펀드가 빠르게 증가하고 있다. 국내 주식형 펀드로 자금이 꾸준히 유입되어 주식형 펀드의 설정 잔액이 2006년 말 46조 5,000억 원에서 2007년 말 현재 114조 7,000억 원으로 무려 68조 원 이상 증가하였다.

그 결과 국내 증시는 거침없는 상승세를 보였다. 코스피 지수 2,000선을 여러 번 넘다들면서 2,000 시대가 안착하지 않나 하는 주식 대세론이 지배하기도 했다. 당시 증시 활황은 경제 상황이 좋지 않음에도 불구하고 글로벌 증시 호조에 따른 투자 심리와 과잉유동성이 만들어 낸 것으로밖에 해석할 수 없다. 2007년 11월 무서운 기세로 2,100을 바라보자 각 증권사 리서치 센터장들이 신문이나 방송에서 주가 3,000 시대를 서둘러 말하기도 했다. 고객 예탁금과 신용융자잔고 등 증시 주변 자금이 늘어나고, CMA나 주식형 펀드 등의 규모도 빠르게 증가하고 있다.

과잉유동성으로 형성된 자산 거품 현상이 꺼질지 아니면 그대로 갈지 관심이 높아가는 가운데 주식시장의 거품은 일순간에 꺼져 버렸다. 앞서 언급했듯이 미국에서 서브프라임 모기지 문제가 확산되

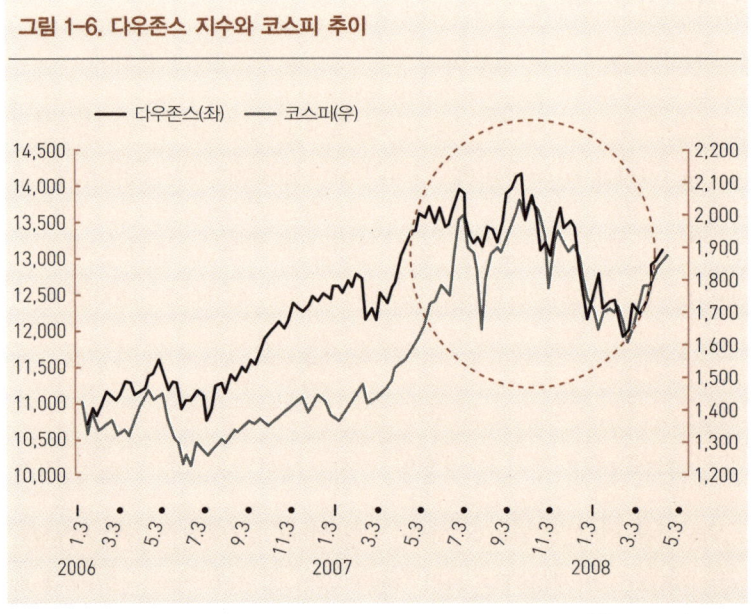

그림 1-6. 다우존스 지수와 코스피 추이

자료 : www.yahoo.com

자 1만 4,000을 넘던 다우존스 지수는 1만 2,000 수준으로, 코스피는 2,000 안착을 목전에 두고 1,600 수준으로 주저앉은 것이다. 자칫 대량 펀드 환매 사태를 일컫는 '펀드 런(fund run)' 현상마저 우려되는 상황에서 국내 증시가 다시 힘을 모으고 있지만 당장은 쉽지 않아 보인다. 서브프라임 사태가 끝나지 않았기 때문이다. 과잉유동성이 만들어 낸 모래성이 무너진 대표적인 사례라고 생각된다.

문제는 현재 부동산에 거품이 형성되었다는 데 동의하는 사람들이 많다는 것이다. 거품은 속성상 지속적으로 유지될 수 없다. 어떤 계기로 거품이 붕괴되면 투자자들로부터 철저하게 외면 당한다.

지난 2000년 벤처기업에 대한 거품이 붕괴되면서 피해를 입은 수많은 투자자들은 아직도 국내 벤처기업 및 코스닥 시장으로 돌아오지 않고 있다.

1980년대 후반 우리나라는 부동산 거품을 겪었다. 당시 소위 '3저 현상'에 힘입어 우리 경제가 사상 유례없는 호황을 누리면서 국내 유동성이 크게 늘어난 결과였다. 당시에도 정부가 안정 대책을 강력하게 썼지만 결과적으로 부동산 시장은 연착륙했다. 1990년대 초반 우리 경제가 고성장을 이어갔기 때문이다.

그러나 지금은 과거와는 사정이 다르다. 우리 경제성장을 좌우하는 대외 경제가 매우 불확실하고 가계 빚은 크게 늘어난 상태다. 과잉유동성이 만들어 낸 이 거품이 지속될지 걱정하지 않을 수 없다. 미국은 과잉유동성이 빚어낸 부동산 거품이 서브프라임 사태를 맞아 마침내 꺼지면서 엄청난 고통을 겪고 있다. 이보다 먼저 일본은 과잉유동성이 빚어낸 거품 대가로 소위 '잃어버린 10년'을 경험했다. 우리는 이들 국가를 반면교사로 삼아야 할 것이다.

2장

흔들리는
'부동산 불패' 신화

한국 부의 진원지, 부동산

산업화에 따라 경제가 발전하자 농촌 사람들은 터전을 도시로 옮겼다. 사람이 모여들자 도시는 땅보다 주택이 더 필요해졌고, 주택은 도시 사람들의 주요한 자산으로 자리 잡기 시작했다.

우리나라에서 소위 부자라고 하는 사람들은 대부분 부동산으로 부를 이룬 것이 사실이다. 임대 이익은 물론 막대한 개발 이익까지 가져다주지만 상대적으로 세율은 낮아서 부를 이루는 최고의 도구이자 수단으로 주목받은 것이다.

특히 경제성장이 본격적으로 시작된 1966년, 현 한남대교인 제3한강교 준공은 '말죽거리 신화'의 도화선이자 강남 땅값이 급등하는 원인이 되었다. 당시 "말죽거리 땅을 사면 떼돈을 번다"는 소문이 평당 200~400원 수준이던 말죽거리 땅값을 1968년 평당 6,000원까지 올려놓았다. 투자자들은 20~30배에 달하는 시세 차익을 얻은 것이다. 그리고 1968년 12월, 경부고속도로가 건설되면서 주변 땅값이 또 한 번 급등했다. 한남대교는 경부고속도로가 시작되는 곳이다. 땅 투기를 부추긴 사람들은 누구보다 정보가 빠른 계층의 아내들로서 복부인이란 호칭을 얻으며 부동산 가격 상승에 큰 역할을 했다. 사실 한남대교 개통 전의 강남은 조용한 농촌 마을에 불과했다.

부동산 불패 신화가 이어지면서 주택은 재테크 수단이 되었다. 그러자 일부 지역 아파트들은 부녀회를 중심으로 집값을 담합하기에 이른다. 아파트 가격 상승은 곧 자산 증가를 의미하므로 목숨 걸고 아파트 가격을 지키는 것이다. 그리고 중산층은 비인기 지역에서 인기 지역으로, 작은 평수에서 큰 평수로 '갈아타기'를 하면서 재산 증식을 해 나갔다. 여기서 '아파트 재테크'라는 말이 생겨났다.

아파트 가격 상승은 담보 가치와 대출 금액 증가로 이어졌다. 투기꾼들은 이를 역이용하여 대출로 부동산을 매입하여 부동산 가격을 상승시켰다. 부동산 가격 상승은 또다시 담보 가치 증가를 불러오는 악순환이 계속되었다. 게다가 과거 불가능했던 대출이 가능해지자 사람들의 인식도 급변하기 시작했다. 마치 공돈인 양 부족한 사업 자금과 아이들 사교육비를 은행 대출금으로 충당하기 시작한 것이다.

아파트 가격이 올라 신이 난 한 친구에게 수도권 신도시 개발에 따른 중대형 아파트의 초과 공급, 코앞으로 다가온 800만 베이비부머의 은퇴, 공기업들의 지방 이전 등으로 수도권 아파트에 낀 거품이 꺼질 가능성이 높다는 견해를 밝힌 적이 있다. 그러나 그 친구는 거품이 꺼진다 해도 구입 가격이 있으니까 손해는 아니라는 반응을 보였다.

얼핏 생각해 보면 맞는 말이다. 특히 본인이 앞으로도 꾸준히 살 집이라면 아파트 가격 상승에 영향을 받지 않을 수도 있다. 하지만 대부분의 사람들은 '재테크'로 아파트에 투자를 했기 때문에 아파트 가격이 떨어지면 상당수 타격을 입는다. 직장 등으로 인해 쉽게 아파트를 팔고 이사할 상황도 못 된다.

사실 아파트 가격 상승보다 더 큰 문제는 사람들 인식 변화다. 부족한 사업 자금이나 사교육비를 대출금으로 충당한 것이다.

물론 부동산 가격이 상승할 때는 이자 부담이 문제가 되지 않지만, 부동산 거품이 붕괴되는 순간 얘기는 달라진다. 이자는 물론 원금 상환도 힘들어지는 것이다. 은행에서는 부실채권을 없애기 위해 자금 회수에 들어갈 것이고, 다급해진 개인들은 아파트를 매물로 내놓을 수밖에 없다.

하지만 가격이 떨어지고 아파트가 남아도는 상황에서 매매가 이루어질 리 만무하다. 행여 매매가 이루어진다 하더라도 손해를 보고 팔아야 한다. 결국 그 막대한 손해는 개인이 책임질 수밖에 없다. 대부분의 사람들이 이런 문제를 인식하고 있으면서도 부동산을 멈추지 않고 구입하는 것은 부동산 불패 신화에 대한 믿음 때문이다. 그리고 부동산 불패 신화를 키우는 데는 정부 정책도 큰 역할을 했음을 부인할 수가 없다.

내성만 키워 준 부동산 정책

1967년 '부동산투기억제세' 도입 이후 2007년 1·31 대책까지 그동안 정부는 60여 차례 부동산 대책을 내놓았다. 부동산 가격이 급락할 때는 규제 완화 등 활성화 대책을, 부동산 가격이 급등할 때는 진정책을 내놓으며, 간간이 서민 주거 안정 대책도 발표했다. 많은 대책에도 불구하고 지금까지 정부 정책은 부동산 시장의 내성만 키우는 결과를 낳았다.

특히 2000년 이후 정부는 수요가 있는 지역의 공급을 막아 버렸다. 강남 부동산의 가격 안정을 위해서 이 지역의 재건축 억제와 양도세 강화로 공급 물량을 줄인 것이다. 하지만 이것이 강남 재건축 아파트 가격을 급등시키면서 주변 아파트 가격을 상승시키는 원인이 되었다. 수요가 있는 곳에 공급을 제한하니 자연히 집값은 오를 수밖에 없었고, 이것이 부동산이 급등하는 시발점이 되었다. 이에 정부는 양도세와 보유세 등 세제 강화를 골자로 한 '8·31 부동산 대책'을 내놓았다.

8 · 31 부동산 대책은 서울과 지방을 구분하여 1가구 2주택이나 일정 가격 이상의 주택 소유자에게 부동산 세제를 강화한다는 내용이다. 고가 주택이나 다주택 보유자들에게 큰 부담이라 단기적으로 매물이 쏟아지면서 거래가 활성화할 것이고, 장기적으로는 부동산에 대한 기대 수익률을 낮춰 부동산 시장을 안정시킬 것이라 생각한 것이다.

하지만 다주택 보유자들은 "차라리 세금을 내고 자식한테 물려주겠다"며 반발했다. 그리고 그들은 전월세 가격을 올려 세금을 충당했다. 뜻하지 않게 전월세 상승을 유도하고 만 것이다. 강남 집값을 잡겠다는 정책이 결국 저소득층을 괴롭힌 꼴이다.

그리고 한쪽에서는 집값을 잡겠다고 규제를 강화하고, 다른 쪽에서는 집값에 가장 큰 비중을 차지하는 토지 가격을 상승시키는 모순된 정책을 펼쳤다. 우리나라 토지 가격은 2001년 1분기부터 여러 개발 호재에 힘입어 꾸준히 상승해 왔다. 그후 정부는 정책적으로 투기 수요를 막겠다며 개발 지역을 '토지거래허가구역'으로 정했다. 하지만 투기자들은 허가구역 인근의 토지를 거래해 토지 가격을 올려놓았다. 투기가 목적인 토지 취득을 방지하기 위한 토지거래허가구역은 유명무실해졌다. 한쪽으로 규제가 집중되면 다른 쪽으로 몰리는 현상이 일어난 것이다.

정부 개발로 토지 보상을 받은 사람들은 허가구역 밖의 토지를 사들였다. 땅 판 돈으로 다시 땅에 투자한 것이다. 보상 자금이 재유입되고 저금리정책이 계속되면서 토지 가격이 꾸준히 올라갔다. 토지 가격이 상승하면 악순환이 되풀이된다. 토지 가격이 건축비를 상승시키고 다시 주택 가격을 올린다. 가뜩이나 집 지을 땅이 부족한 수도권 지역 토지 가격은 빠르게 급등했다. 결국 주택이든 아파트든 비싼 토지에다 지을 수밖에 없다 보니 수도권 아파트 분양 가격이나 재건축 비용은 가파르게 오를 수밖에 없었다.

통화정책 역시 거품을 부추겼다. 2001년 9 · 11 테러 영향으로 우리나라 역시 본격적으로 저금리정책을 시행하였고, 이것이 시중의 유동자금을 풍부하게 만들었다. 그러자 저금리를 기회로 투자를 해보겠다는 투기 수요가 발생해 집값 상승을 더욱 부채질했다.

2000년 이후 미국, 영국 등도 주택 수요의 증가와 지속된 저금리정책으로 주택 가격이 빠르게 상승했다. 그러나 이들은 금리정책의 효과가 나타나기까지는 오랜 시간이 필요하다고 판단하고 즉각 고금리정책으로 돌아섰다.

하지만 당시 우리 통화 당국은 이들과는 상당히 대조적인 보습을 보였다. 우리 정부는 오히려 투자 위축과 저성장을 걱정하며 금리를 더 내려 버렸다. 2005년 말 뒤늦게 한국은행이 콜금리 목표 수준을 인상하기 시작했지만, 부동산 가격은 오를 대로 오른 후였다. 이처럼 지난 수년간 정부의 부동산 정책은 별다른 실효를 거두지 못했다. 시장 원리와 어긋나는 처방을 해 처음 나올 때에는 효력을 발휘하다가, 어느 정도 약발이 떨어지면 다시 가격이 상승하는 계단식

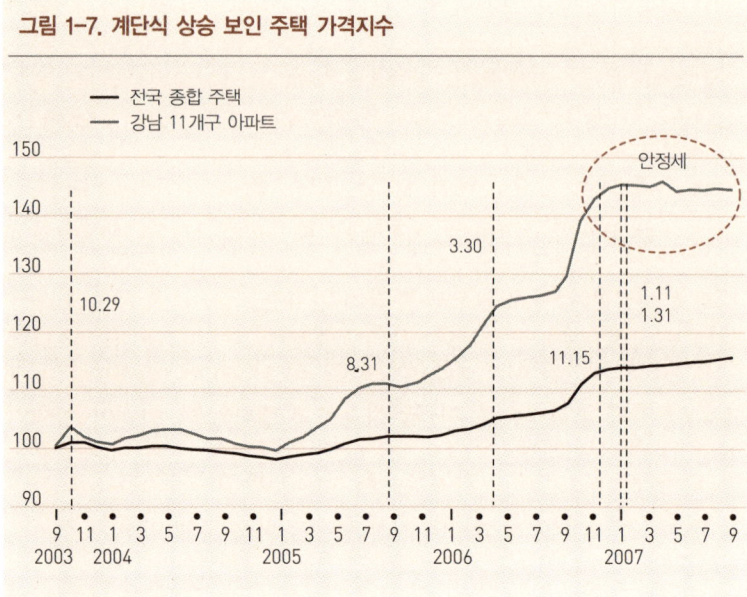

그림 1-7. 계단식 상승 보인 주택 가격지수

— 전국 종합 주택
— 강남 11개구 아파트

자료 : 국민은행

상승을 형성해 왔다. 그렇게 해서 시장은 정부 정책에 대해 내성을 키워 왔고, 부동산 불패 신화는 갈수록 힘을 얻으며 사회 깊숙이 자리 잡게 되었다.

OECD의 2007년 6월 20일자 한국경제보고서에 따르면, "한국 정부는 전국 집값을 잡겠다고 특정 지역의 규제 정책을 남발해 왔다"고 평가했다. 분양가 상한제 같은 가격 억제 정책이 장기적으로 집값을 올리는 요인이 되었다고 분석했다.

그리고 2008년 새 정부가 들어섰다. 언제나 그렇듯 새로운 정부의 탄생은 부동산 시장에 기대와 우려를 낳기 마련이다. 특히 시장

경제 위주로 질서를 재편하고 변화가 예상되는 만큼 부동산 시장의
변화도 불가피해졌다. 말죽거리 신화에서 비롯된 부동산 문제가 하
루아침에 해결될 수는 없겠지만, 국민들 기대를 저버리지 않는 정책
이 펼쳐지기를 기대해 본다.

저무는 초저금리 시대

1980년대만 해도 우리나라 정기예금의 평균 이율은 12퍼센트 정도였고, 1990년대 중반에는 20퍼센트대를 넘기도 했다. 높은 금리 때문에 저축은 훌륭한 재테크 수단 중 하나였다. 10~20년이란 장기 투자 수익률을 놓고 보면, 예금이자가 부동산 수익률을 넘보던 시절이기도 했다. 하지만 외환위기를 겪으면서 고금리 시대는 막을 내렸다. 2000년 말 6~7퍼센트 선으로 떨어진 은행 금리가 2005년 3퍼센트대 후반까지 급락한 것이다. 당시 소비자물가 상승률과 이자소득세를 감안하면 실질실효 예금 금리는 마이너스 수준에 이르렀다. 이는 은행에서 이자를 기대하긴커녕 오히려 이용료를 내야 한다는 것을 의미한다.

저축이 자산 손실이라는 지경까지 이른 현실에서, 정부의 금리 인하 발표 때마다 가슴이 철렁한 사람들은 아마도 50~60대일 것이다. 노후 생활을 이자소득에 의지해야 하는 이들에게 '초저금리'는 예상치 못한 복병이기 때문이다. 원하든 원치 않든 노후 생활은 길어졌는데, 현재 대부분의 50대는 '퇴직자'라는 반갑지 않은 꼬리표를 달고 있다. 외환위기 이후 빨라진 퇴직 풍조 때문이다. 의지와 상관없이 사회적 은퇴를 강요받지만, 아이러니하게도 가정생활의 은퇴는 불가능한 현실이다. 아이들 학비, 결혼 자금, 각종 생활비, 노후 대책 등 은퇴 후에도 써야 할 돈이 많기 때문이다.

초저금리가 이어진 원인 중 하나는 넉넉한 유동성에도 불구하고 기업 자금 수요가 크게 감소했기 때문이다. 외환위기 이후 기업들은 구조조정을 통하여 부채비율을 대폭 낮췄다. 웬만한 선진국의 우량 기업보다 낮은 수준이다. 부채비율이 낮다는 것은 곧 기업들이 은행에서 돈을 빌려 쓰지 않는다는 말이다. 경기 불안감으로 설비투자를 축소한 것이다. 은행 또한 부실채권을 우려하여 우량 기업을 제외하고는 기업 대출을 꺼리기도 했다. 그러자 기업 보유 유동성은 늘어만 갔고, 동시에 풍부한 자금을 어떻게 처리해야 할지 고민에 빠지게 되었다. 기업은 견실해지고 은행의 자산 건전성은 개선됐을지 모르지만 그만큼 경제의 역동성은 줄어든 것이다.

그러나 근본적으로는 우리 정부가 외환위기 이후 경기회복과 금융시장 안정을 위하여 무리하게 저금리 기조를 유지해 왔다는 데 있다. 2001년 하반기, 세계경제가 크게 위축되는 사건이 발생했다. 바로 미국의 9·11테러이다. 수출로 먹고 사는 우리 경제에는 치명적인 일이었다. 하지만 테러 수습은 예상보다 빠르게 진행되었고, 2002년부터 세계경제는 회복 기미를 보였다. 그리고 2003년 주요 국가들은 고금리 추세로 돌아섰다. 세계적인 추세와 다르게 우리 정부는 저금리정책을 고집했다. 2003년 신용카드 대란 때문이었다.

외환위기 이후 정부에서는 소비생활 및 내수 경기 활성화를 위해 카드 사용을 장려했고, 전 카드사의 공격적인 마케팅과 맞물려 당시 카드 산업은 양적으로 엄청나게 팽창했다. 하지만 곧 부실채권이라는 부메랑으로 돌아와 카드사를 압박하기에 이른다. 뒤늦게 정부가 규제 정책을 펼쳤지만 이미 많은 가계가 망가진 후였다.

상황이 이렇다 보니 금리를 소폭이라도 인상하면 기업의 투자 감소는 물론 가계 소비가 줄어들어 내수 경기가 타격을 입을 것이 불을 보듯 뻔했다. 장기간에 걸친 저금리정책은 국채나 우량회사채뿐만 아니라 금융기관의 예금과 대출금리 모두를 낮추는 결과를 낳았다.

저금리 기조 덕분에 기업들의 경쟁력이 높아지고 경기 침체라는 늪에서 벗어난 것은 사실이지만, 갈 곳을 잃은 시중 자금은 부동산으로 쏠리고 말았다.

찰떡궁합 보인 개인과 은행

당시 4퍼센트대의 정기예금 금리는 물가 상승률과 이자소득세를 제하고 나면 실제 금리는 제로였다. 낮은 금리에도 불구하고 사람들이 여전히 은행만 찾았던 이유는 위험 자산에 대한 두려움 때문이었다. 당시 사람들은 6개월~1년 미만의 정기예금이나 MMDA(Money Market Deposit Account) 등 단기 금융 상품에만 집중했다. 단기 부동 자금이 빠르게 증가하던 차에 부동산 시장이 꿈틀거리자 그 자금이 부동산 시장으로 대거 이동하였다.

더구나 저금리정책은 국민들에게 '빚'을 두려워하지 않게 만들었다. 4~5퍼센트대 대출이자는 사람들에게 '은행돈 = 공짜'라는 인식을 심어 주었던 것이다. 저금리정책을 '기회'라 생각한 개인들은 '내 집 마련'을 위해 주택담보대출에 발 벗고 뛰어들었다. 급등하는 아파트와 토지를 보며 '재산을 늘릴 절호의 기회'라고 판단했고, 은행은 저금리로 그들을 유혹했다. 그리하여 돈은 한정 없이 풀려 나갔다.

주택담보대출이 급증한 원인의 중심에는 '은행'이 있었다. 외환 위기를 통해 기업 부실채권 처리에 골머리를 앓은 은행들이 외국계 자본의 영향력으로 안전성과 수익성에 주력하게 된 것이다. 은행들은 기업보다 부유층을 위한 PB(Private Banking) 금융과 안전한 주택담보대출에 치중하기 시작했다. 심지어 은행들은 모기지 브로커 등을 고용해 주택 구입자들을 부추기는 등 주택담보대출을 늘리는 데 열을 올렸다. 수수료 면제와 금리 인하 등 제 살 깎아먹기 식 경쟁도 마다않고 대출 세일에 앞장섰다.

낮은 금리로 은행 문이 활짝 열리자 개인들은 문턱이 닳도록 은행을 드나들었다. 부동산을 가장 훌륭한 재테크라고 생각하는 개인과, 기업보다는 개인의 부동산을 담보로 돈을 빌려주는 것이 안전하다고 판단한 은행 간에 이해가 맞아떨어진 것이다.

부동산 가격이 오를 대로 오른 2005년 한국은행이 뒤늦게 콜금리 목표 수준을 인상하기 시작했다. 2005년 10월 이전 콜금리 목표 수준이 사상 최저치인 3.25퍼센트이었지만 2007년 말 현재 5퍼센트로 상승했다. 연이은 콜금리 인상과 2006년 말의 지급준비율 인상 등으로 결국 국내 금리는 상승세로 반전했다.

한편 초저금리 시대가 장기화되자 금융시장 내의 돈 흐름이 바뀌기 시작했다. 은행예금에 맴돌던 돈이 주식 및 펀드 등의 자본시장으로 이동한 것이다. 은행에서 이탈한 자금이 적립식 형태로 각 자산운용사의 주식형 펀드로 빠르게 유입되었다. 소위 머니 무브(Money Move) 현상이 벌어졌다. 심지어 직장인의 월급 통장마저 은행의 저축예금에서 증권사 CMA(Cash Management Account, 어음관리계좌)로 대거 옮겨지고 있다. CMA란 예탁금을 어음이나 채권에 투자하여 그 수익을 고객에게 돌려주는 실적 배당 금융 상품이다. 수시로 입출금이 가능하면서도 공과금과 계좌 이체 등 결제계좌로도 사용할 수 있어 편리성도 있다. 뿐만 아니라 하루만 맡겨도 연 4퍼센트대의 높은 이자를 받을 수 있고 쉽게 주식 투자도 가능하기 때문에 2007년 이후 젊은 직장인들 사이에 대인기를 끌고 있다.

물가 급등이 금리 상승을 부채질할 듯

2006년부터 주택담보대출 금리가 상승 반전했고 2007년 이후는 더욱 가파르게 상승하고 있다. 은행권 내의 자금이 이탈하자 대출을 해줄 돈이 순간적으로 부족한 상황이 벌어지면서 나타나고 있는 현상이다. 은행의 대출 규모 축소는 은행의 외형 축소를 의미한다. 자산 규모로 경쟁하는 시중 은행들에게 대출 규모 축소는 치명타였다. 은행들은 자금을 마련하기 위하여 은행채와 양도성예금증서(CD)를 대거 발행했다. 이 영향으로 각 대출금리의 기준이 되는 CD 금리 역시 빠르게 상승하였다. 당연히 주택담보대출 금리가 상승할 수밖에 없다. 뿐만 아니라 정부의 강화된 주택담보대출 규제에 대응하여 각 은행들이 앞 다투어 우대금리 혜택을 폐지하고, 가산 금리를 높인 것도 상승 원인이 되었다. 주택담보대출 금리가 지속적으로 상승하면 가계의 이자 부담률이 커질 수밖에 없다.

중장기적으로 금리 상승 추세는 상당 기간 지속될 것으로 예상된다. 외환위기 이후 잠잠했던 물가 문제가 2007년 말부터 부상되고

그림 1-8. 예금은행의 주택담보대출 금리 추이

(단위 : %)

자료 : 한국은행

있기 때문이다. 물가 상승의 근본 원인은 국제 유가 및 원자재 가격의 급등에 있다. 이는 중국과 인도 등의 고성장에 따른 석유 및 원자재 수요와 달러화 약세 현상에 따른 투기적 수요가 동시에 맞물리면서 나타나는 현상이다. 세계적 투자은행인 골드만삭스는 이미 오래전에 국제 유가의 배럴당 100달러 시대를 예측했으며, 국제에너지기구(IEA) 총장은 150달러까지 치솟을 수 있다고 전망하고 있다.

게다가 우리나라에서 수입 의존도가 높은 농산물의 세계적인 가격 급등 현상도 물가 상승의 원인이 되고 있다. 곡물 값이 뛰는 주된 이유는 수요 폭증 때문이다. 중국과 인도 같은 인구 대국의 경제가 급성장하면서 곡물 수요가 크게 뛴 가운데, 옥수수 등을 바이오 연료로 대체하는 에너지 개발 붐까지 일면서 곡물 수급 불안이 야기됐다. 곡물 값 급등 현상이 농업(agriculture)과 인플레이션(inflation)의 합성어인 애그플레이션(agflation)이라는 신조어를 만들어 냈다.

이러한 물가 상승은 국내적인 현상이 아니라 미국, 중국, 유럽 등 전 세계적인 현상이다. 앞으로 한동안 전 세계가 고물가 문제로 골치 아파할 것이다. 뿐만 아니라 장기간의 저금리 여파로 적정 자금보다 많은 돈이 시중에 풀리면서 부동산, 주식 등 초과 수익이 존재하는 자산의 가격을 언제든지 급등시킬 수 있다.

2008년 들어 서브프라임 사태로 불안해지자 자본시장으로 자금유입이 주춤해지고 '역 머니무브' 현상이 나타나면서 금리 상승세가 꺾이고 있다. 하지만 서브프라임 사태만 진정되면 언제든지 자본시장으로 자금 유입이 다시 시작될 수 있고, 그럴 경우 금리가 다시 가파르게 상승할 수 있다.

그러나 이보다 더욱 우려되는 것이 물가 불안인데 한국은행의 물가 관리가 어느 때보다도 시급하다. 한국은행은 1998년부터 물가안정 목표제를 도입·운영하고 있으며, 물가 안정 목표는 대상 기간을 2007~2009년으로 하여 소비자물가 연평균 상승률의 3년 평균이 3.0±0.5퍼센트에서 유지되는 것으로 설정하고 있다. 지금 같은 추세로서는 이 범위를 쉽게 넘어설 분위기다. 2008년 소비자물가는 한국은행의 물가 안정 목표 상한치를 훨씬 넘어선 4퍼센트 중반 수준을 기록할 것으로 예상되고 있다. 따라서 고유가 지속에 따른 물가 상승 우려와 과잉유동성을 고려하여 통화 당국은 선제적으로 통화 긴축정책을 강화할 것으로 보인다.

종합해 볼 때 비록 외환위기 이전과 같이 두 자릿수 금리를 기대하기는 힘들지만, 2000년대 초반의 초저금리에서는 벗어날 것이 분명하다. "외상이면 소도 잡아먹는다"는 옛말이 있다. 초저금리 기조에 동조하여 상환 대책도 없이 대출을 한 우리 사회의 실태와 들어맞는 말이다. 외상은 '빚'일 뿐 '공짜'가 아니다. 하루 빨리 '공짜' 환상에서 벗어나 빚을 줄이는 것이야말로 그렇게들 외쳐 대는 '성공 재테크'의 지름길이 아닐까.

한국 부동산 거품 vs
일본 부동산 거품

우리의 미래를 보려면 15년 전의 일본을 살펴보면 된다. 한일 양국은 많은 면에서 비교가 되지만, 최근 우리나라 부동산 시장의 추이를 보면 1990년대 일본 부동산 거품 붕괴를 떠올리지 않을 수 없다. 대부분의 사람들은 한국 부동산 가격에 거품이 있다는 데 큰 이견이 없다.

일본은 1983년 도쿄 도심부를 시작으로 1991년 도쿄 전역, 대도시, 지방 등의 순서로 지가가 급등했다. "지가는 절대 하락하지 않는다"는 토지 신화에 힘입어 1980년대 후반 6대 도시 평균 지가는 3배 이상 상승했다. 거품 형성기에 기업들은 미래의 공장 확대를 위해 토지를 매입하거나 사원의 복지후생시설, 기숙사, 사택 등 본연의 기업

활동과 직접적인 관계가 없는 땅들을 사들였다. 당시 도쿄의 국제화를 지향한 국토개발계획이나 부동산 관련 세제, 일본 경제의 장래에 대한 도취감 등도 자산 거품 형성에 부분적으로 기여했다.

자금력이 부족한 기업들도 금융기관으로부터 차입한 돈으로 토지를 사들인 후, 그 토지에 빌딩을 지어 임대하거나 전매를 통해 차익을 남기는 일에 열중했다. 거품 전성기인 1986~1987년에는 향후 부동산 가격의 추가 상승을 감안하여 은행들이 담보 부동산 시가의 110~120퍼센트까지 대출해 주기에 이른다.

1987년 말 토지 가격 총액은 일본보다 국토 면적이 25배나 넓은 미국의 토지 가격 총액의 4배를 상회했다. 한마디로 당시 일본을 팔면 미국 4개를 살 수 있다는 의미였다. 국내 부동산 취득에 만족하지 못한 일본 기업들은 미국까지 건너가 미친 듯이 미국의 부동산을 사들이기도 했다. 1980년대 후반에는 일본의 대표적인 기업 미츠비시가 미국의 상징적 건물인 록펠러 센터를 매입했다. 더 나아가 오랫동안 세계에서 가장 높은 빌딩으로 인식되어 온 엠파이어스테이트 빌딩을 매입하기도 했다. 미국을 상징하는 대표 빌딩들이라 당시 미국인들의 자존심이 크게 꾸겨졌다. 그러나 위세 좋게 매입했지만 1990년대 중반 누적되는 적자와 금융 비용 등을 견디지 못하고 엄청난 손해를 보고 되팔 수밖에 없었다.

한편, 일본 정부는 거품 경제의 폐해를 우려하여 거품 초기에 투기적 수요를 억제하기 위하여 토지 세제를 개혁했다. 이에 취득세,

보유세, 양도세 등 토지 관련 세금을 종전보다 무겁게 부과했다. 그런데도 지가가 급등하자 1990년 긴급 금융 정책을 강화하였다. 일본은행(BOJ)은 통화 증가율을 억제하고 공정 할인율을 큰 폭으로 인상하는 등 강력한 긴축정책을 펼쳤다. 그리고 1987년 2월 2.5퍼센트에 불과한 공정 할인율을 1990년 8월까지 5차례에 걸쳐 인상하였는데, 그 결과 거품이 급속하게 붕괴되었다. 거품 붕괴라는 거시적 쇼크의 영향은 먼저 부동산 담보대출의 부실채권화로 나타났으며, 이후 계속된 경기 침체는 신규 부실채권을 지속적으로 발생시켰다.

1990년 3월, 당시 대장성은 부동산 관련 융자에 대하여 "부동산 관련 대출 증가율은 총대출 증가율 이하로 억제한다"는 '총량 규제'를 실시했다. 이러한 전방위 정책은 부동산 수요를 원천적으로 봉쇄시켰고, 마침내 토지 신화에 대한 기대 심리가 무너지기 시작했다. 가수요 매물이 시장으로 쏟아지면서 부동산 가격이 순식간에 하락세로 반전한 것이다.

이후 1990년대 일본 기업들은 유례없는 저성장 시대를 맞아 불필요한 부동산을 정리하고 공장을 해외로 이전하는 등 토지 순매도자로 돌변했다. 토지 전매가 불가능해지자 기업들이 은행에 지불해야 하는 차입금은 눈덩이처럼 불어났다. 토지 채권에 대한 이자도 지불할 수 없는 상태가 되면서 기업들이 도산하기에 이르렀다. 금융기관들 역시 거품 붕괴의 피해를 벗어날 수 없었다. 부동산을 담보로 융자한 막대한 부실채권이 속출했다. 일본은 거품이 붕괴되자 부동산 관련 대출로 인해 기업과 금융기관이 동시에 부실해졌고, '복합 불황' 국면으로 빠져들었다. 결국 일본은 소위 '잃어버린 10년'이라 불리는 장기 불황을 겪어야 했다.

일본의 거품 붕괴 그대로 따라가나

그런데 우리나라 부동산이 일본의 거품 붕괴 양상을 닮아 가고 있다는 것은 무슨 말일까? 우선 한일 양국 간의 거품 형성 배경을 살펴보도록 하자. 두 나라 모두 경기회복을 진작하는 금융완화 정책이 강력하게 펼쳐진 시기에 부동산 거품이 형성되었다는 유사점을 가지고 있다. 또한 저금리 현상이 지속되고 안전 자산 선호 현상이 뚜렷해진 가운데 시중의 유동성 자금이 부동산 시장으로 흡수되었다는 점도 같다.

일본은 1985년 플라자합의 이후 수출이 둔화되고 설비투자가 격감되면서 결과적으로 시중 자금이 넘쳐나는 상황이 되어 버렸다. 기업 투자로 이어지지 못한 자금은 갈 곳을 잃고 결국 주식과 부동산 시장에 투자되었다. 우리나라도 마찬가지다. 1999년 대우 사태 이후 경기회복과 금융시장 안정을 위한 저금리정책과 금융완화 정책에도 불구하고 기업들의 설비투자가 살아나지 못했다. 대신 그 돈은 부동산 시장으로 이동하였다.

뿐만 아니라 1980년대의 일본과 외환위기 이후의 한국의 금융기관 행태 역시 비슷하다. 당시 양국은 빠른 금리자유화와 급속한 규제 완화 속에 서로의 영역을 넘나드는 경쟁 환경에 진입하였다. 동시에 국제결제은행의 BIS 비율 시행을 앞두고, 자기자본을 확충하고 대형화에 주력한 점, 은행들이 기업 대출을 기피하고 부동산 관련 대출을 확대시킨 점도 같다.

하지만 한일 양국의 부동산 거품 대상은 각기 '주택'과 '토지'로, 이 점에서 양국이 차이를 보인다. 일본은 오피스 시장의 초과수요를 고려한 오피스용 토지가 투기 대상이었으며, 거품 형성의 주체가 기업과 중소 부동산업자였다. 반면 한국은 특정 주택 시장의 초과수요를 고려한 주택(아파트)이 투기 대상으로, 거품 형성의 주체가 가계였다.

일본의 거품 대상이 건물이나 주택이 아닌 '토지'라는 점을 눈여겨볼 필요가 있다. 일본인들은 예로부터 지진에 강하여 인명 피해를 최소화하고 또한 습도 조절에도 용이한 목조건물을 최고로 여겼다. 다시 말해 땅만 있으면 집은 언제든지 다시 지을 수 있다고 생각했다.

거품 수준에서도 양국은 차이를 보인다. 일본의 경우 1986년~1991년까지 6대 도시 평균 지가가 3.07배 상승했으며, 거품은 전국적으로 확산된 후에 붕괴됐다. 한국의 경우 2002년 1월~2007년 12월 사이 전국 아파트 지수는 1.65배, 강남 지역 11구 아파트는 2.22배 상승했다. 일본과 달리 한국은 소위 '버블 세븐' 지역을 중심으로 문제가 되고 있다.

한국의 현재 거품 수준은 일본보다 심각하다고는 할 수 없어도 안심할 단계는 아니다. 일본의 거품은 공급이 유한한 토지에 국한된 반면, 우리나라는 청약이 시작되고 2~3년 내에 공급되는 아파트가 거품 대상이다. 토지는 공급이 완전 비탄력적이기 때문에 작은 수요에도 가격이 급등할 수밖에 없지만, 어느 정도 탄력적인 아파트는 상황이 다르다. 따라서 양국 간에 거품의 깊이를 직접 비교하기는 힘들다. 뿐만 아니라 부동산 거품이 확산된 지역이 좁다고 해서 그

한일 부동산 거품 비교		
항목	일본	한국
시기	1985년 플라자합의 이후 ~ 1991년	2001년 하반기 ~ (진행 중)
대상	(주식) → 오피스용 토지	주택(아파트) → (택지개발) 토지
투기 심리	오피스 시장의 초과수요	주택 시장의 초과수요
확산 과정	도쿄(도심지 → 주택가) → 대도시 → 지방	서울(강남 재건축 아파트, 주상복합) → 수도권 신도시 및 충남 토지
버블 주체	법인(중소 부동산업자)	가계
경제 상황	경기 둔화기	경기 침체기
정부 정책	·엔고에 따른 경기 후퇴를 방지 ·경기 부양책 : 내수 확대 정책 ·금융 완화 정책 : 저금리, 과잉유동성	·경기 회복과 금융시장 안정 ·경기 부양책 : 재정지출과 내수 확대 ·금융 완화 정책 : 저금리, 과잉유동성
금융 환경	금리 자유화 및 규제 완화 진전	규제 완화 급속 진전
금융기관	·BIS비율 시행 앞두고 자본 확충 ·부동산업에 대한 대출 적극 확대 ·부동산담보 가계 대출 확대	·금융기관 대형화 및 수신 급증 ·기업 대출에 대한 금융기관 회피 ·주택담보 가계대출 확대

파급 효과가 반드시 작다고도 말할 수 없다. 왜냐하면 우리나라에서 서울과 수도권 지역이 차지하는 인구나 경제적 비중을 따져 보면 굳이 일본보다 지역적인 넓이가 좁아서 괜찮다고 할 수 없기 때문이다. 즉, 서울과 수도권의 인구나 GDP 비중이 전국의 절반 수준이라는 점에서도 일본과 단순한 비교는 무의미하다는 말이다.

한일 양국은 이처럼 부동산 거품 형성에서 유사한 점과 다른 점을 가지고 있다. 우리나라는 구조조정을 통해 국내 은행들이 대형화되고 건실해져 금융 시스템이 붕괴될 가능성이 낮다. 또한 정부 재정 건전성 면에서도 당시 일본보다 튼튼하다. 따라서 일본의 '잃어버린 10년'과 같은 장기 불황을 겪지는 않을 것이다.

일본의 부동산 거품이 100퍼센트 우리나라와 같을 순 없다. 하지만 일본의 부동산 거품이 우리에게 준 교훈은 다시 한 번 생각해 봐야 할 것이다. 시대 흐름에 정책이나 국민 의식이 따르지 못한다면, 부동산 거품 붕괴 과정이 서로 다르다고 해도 일본의 전철을 그대로 밟을 수 있기 때문이다.

되돌아본 일본의 토지 거품

일본은 1980년대 후반 6대 도시 평균 지가가 3배 이상 상승하는 극심한 거품을 경험했다. 당시 일본의 거품 형성에는 현재 우리나라와 같은 저금리, 시장에 넘쳐나는 풍부한 돈, 일본 은행들의 부동산 대출 확대 등 경제적 여건뿐만 아니라 굳게 뿌리박힌 토지 불패 신화도 크게 작용하였다. 과거 일본은 "토지가 모든 가치의 기준인 토지본위제"라는 말이 나올 정도로 토지를 포함한 부동산을 자산 가치로 높게 평가했다.

부동산 거품이 형성된 당시 일본의 경제 여건을 살펴보자. 1980년대 초반 일본은 무역 흑자가 급증하면서 미국 등 선진국들과 무역마찰을 겪었다. 당시 나카소네 정부는 무역마찰 문제로 경제구조를 수출 주도형에서 내수 주도형 경제로 전환하는 정책을 펴면서 다양한 부동산 경기 부양책을 내놓았다. 그러던 중 1985년 9월 뉴욕에서 소위 '플라자 합의(Plaza Accord)'라고 불리는 회담이 열렸다. 선진 5개국 재무장관들이 참석했는데 이 회의에서 '엔고·저달러' 정책이 결정되었다. 이 정책은 기름에 불을 붙이는 격이었다.

플라자 합의 이후 엔화의 가치가 급등했다. 1년간 엔/달러 환율이 달러당 250엔에서 120엔까지 절반으로 급락했다. 이에 따라 수출 기업들의 가격 경쟁력은 급속도로 떨어져 경기가 둔화되고 투자 의욕이 감소되기 시작했다. 불황으로 진입한 것이 아닌가 하는 두려움으로 일본 정부는 저금리정책을 실시했다. 5퍼센트에 머물던 공정 할인율이 불과 1년여 만에 2.5퍼센트까지 인하되었다. 경기 부양을 위해 통화 확대 정책도 병행되었다. 두 자릿수 통화 증가율이 지속되면서 시중 유동성은 폭발적으로 증가했다.

당시 일본 대기업들은 경기 둔화에 따른 투자 위축으로 은행으로부터 자금 차입을 줄이고 있었으며, 일본 은행들은 규제 완화·금리자유화 등으로 금리 경쟁이 격화되고 은행의 예대 마진이 축소되면서 수익성이 크게 떨어지고 있었다. 풍부한 시중 자금이 유입되었지만 마땅한 운용처를 잃은 일본 은행들은 수익성을 제고하는 돌파구로 부동산 관련 대출을 과도하게 실시하였다. 거품 전성기 당시 부동산 가격의 추가 상승을 믿고 관행적으로 담보 부동산 시가의 110~120퍼센트까지 대출을 실행했다. 또한 제2금융권인 주택금융전문회사(住專) 등 논뱅크(non-bank)에 대한 융자도 크게 증가시켰다.

뿐만 아니라 나카소네 내각은 1987년 수도권 인구 집중을 막고 국토 균형 발전을 명분으로 '다극분산형(多極分散型)국토개발' 계획을 발표했다. 도쿄를 국제금융중심도시로 육성하는 대신, 수도 기능을 도쿄 이외 지역으로 이전하는 방안을 추진했다. 도쿄권 등 대도시의 공

공기관 지방 이전과 지방 도시에 소프트웨어 중심의 산업도시 육성 계획도 마련됐다. 특히 낙후 지역의 획기적인 개발을 촉진하기 위해 리조트법도 만들었다. 대규모 리조트 건설을 통한 지역의 고용 창출과 경제 활성화가 목표였다. 하지만 유치 경쟁이 벌어지면서 당시 전 국토 면적의 20퍼센트가 넘는 860여 개 초대형 리조트 건설 계획이 쏟아졌다.

게다가 토지 관련 규제 및 제도의 허점도 부동산 거품 형성에 큰 역할을 하였다. 애매한 토지이용 규제와 매수특례제도 등으로 도쿄 상업지의 거품이 주택지·외곽 등으로 확대되었으며, 지가 상승 기대감으로 매물 회수·유보 수요 증가·토지이용 규제 등으로 토지 공급이 매우 제한되면서 거품 형성을 부추겼다. 여기서 매수특례제도란 주택지 매도 자금으로 다른 주택지를 취득하여 매도 이익이 남지 않게 되면 매도 이익에 대한 과세를 사실상 면제해 주는 독특한 제도였다.

이처럼 일본은 '토지 불패' 신화의 바탕에다 여러 경제적 여건과 정책적 요인들이 동시에 가세하면서 토지 가격이 급등했다. 그런데 일본은 건물이나 주택 자체가 투기 대상이 아니고 토지가 거품 대상인 점이 흥미롭다. 거품 대상이 토지인 것은 지진이 많고 섬나라라는 외부적인 환경 탓이 아닌가 싶다. 지진과 화산이 많다 보니 일본인들은 높은 건물을 바람직하게 생각하지 않는 데다 지진에 강하면서 습도 조절에 좋은 건물로는 목조건물을 첫손에 꼽는다. 그래서 그들은 집은 언제든지 다시 지을 수 있지만 땅은 그렇지 않다고 생각했다.

'일본 침몰'이라는 영화가 있다. 화산 폭발과 지진으로 일본이 침몰한다는 내용의 영화인데 일본인의 불안한 심리를 그대로 담고 있다. 이처럼 지진에 대한 불안과 도시 지역의 협소한 땅 때문에 그 지역 샐러리맨들이 사는 곳은 '토끼장'이라고 불릴 정도로 작고 협소했다. 그래서 일본인들이 꾸는 꿈은 80평 땅 위에 30평 되는 단독주택

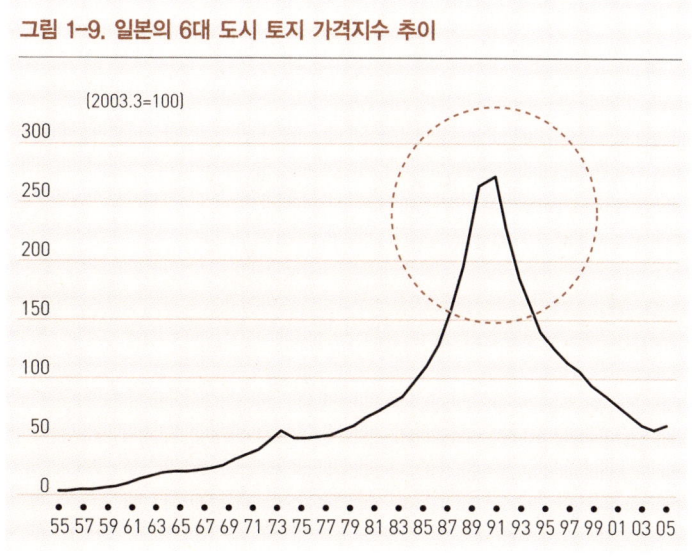

그림 1-9. 일본의 6대 도시 토지 가격지수 추이

(2003.3=100)

자료 : 일본 내각부

을 지어 사는 것이라고 한다.

그러나 1990년대 들어 토지 거품이 붕괴되면서 일본인들의 의식 속에는 이제 '토지 불패' 신화가 아닌 '토지 필패' 신화로 가득 차 있다. 일본 부동산 거품이 한창 전성기를 달리던 1988년에 한 대학생이 도쿄 외곽지에서 자취를 하며 경험한 거품을 담담하게 밝힌 적이 있다. 대학 시절 자취를 하던 곳으로 부동산업자가 찾아와 당장 집을 비우면 충분히 보상을 하겠다고 말했다. 그 대학생은 흔쾌히 수락했고 상당액의 보상금을 받아 그 집에서 이사를 했다고 한다. 그후 부동산 거품은 붕괴됐다. 그런데 그가 직장인이 되어 도쿄에서 맨션을 구입하게 되었는데 그 맨션 가격이 이미 폭락기에 상당히 폭락했음에도 더 폭락했다고 말했다. 그는 이 과정에서 돈을 벌고 잃고의 문제가 아니라 사람들의 마음이 황폐해졌다며 씁쓸해했다. 그는 비정상적인 가격으로 거래되는 주택이나 토지는 신기루일 뿐이라고 말했다.

한국판 서브프라임?

04

2007년 7월 25일은 국내 코스피 지수가 2,000이라는 신기원을 연 날이다. 기뻐하며 축배를 들던 바로 그날 밤, 미국에서는 서브프라임 모기지 부실 문제가 또다시 불거졌다. 이 영향으로 미국 다우 지수가 이틀 사이에 500포인트 이상 급락했고 글로벌 증시는 큰 폭으로 떨어졌다. 국내 코스피 지수도 이틀 동안 무려 121포인트나 하락했다. 서브프라임 모기지 문제가 회복세를 보이던 글로벌 증시를 흔들어 놓은 것이다. 2008년 들어서도 세계 최대의 글로벌 상업은행 및 투자은행인 씨티 그룹과 메릴린치가 사상 최악의 손실을 발표하였고, 미국 5대 투자은행 가운데 하나인 베어스턴스가 붕괴되면서 또다시 글로벌 금융시장을 요동시켰다. 중국과 인도 등 요즘 잘나간다는 친

디아(Chindia) 증시마저도 충격에 휩싸일 정도로 전 세계가 서브프라임 사태의 향방에 촉각을 곤두세우고 있다.

미 서브프라임 모기지 사태의 교훈

2007년 이후 아마도 신문 경제면에 가장 많이 오르내린 단어 중 하나가 바로 이 '서브프라임 모기지'가 아닐까 한다. 미국의 프라임 모기지(prime mortgage)는 '30년 만기 및 고정 금리를 조건'으로 신용도가 일정 수준 이상인 사람에게 대출을 해주는 주택담보대출 상품이다. 주로 은행 등의 금융기관이나 정부 모기지 기관이 담당한다. 반면에 서브프라임 모기지(sub-prime mortgage)는 신용 등급이 낮은 저소득층이나 금융거래 기록이 없는 사람들을 대상으로 주택 자금을 빌려주는 주택담보대출 상품이다. 주로 전문 모기지 회사들이 취급한다. 서브프라임 모기지 금리는 프라임 모기지에 비해 2~4퍼센트 높고, 금리 조건은 변동 금리가 대부분이다. 이 중 서브프라임 하이브리드 ARM(Adjustable Rate Mortgage)은 초기 2년간의 고정 금리는 낮게, 3년 이후의 변동 금리는 높게 책정한 모기지로서 전체 서브프라임 모기지 중 60~80퍼센트를 차지하고 있다.

이처럼 서브프라임 모기지가 대출자에게 불리한 변동 금리가 적용될 수 있음에도 불구하고 2000년 이후 미국의 주택 경기 호황, 저금리 기조, 모기지 신상품 개발 등에 힘입어 급성장했다. 미국에서 주택담보대출 시 일반적인 원칙은 원리금을 일정 비율로 상환하는 것이지만, 부동산 가격이 급등하자 이자만 부담해도 무한정으로 대출을 해주는 모럴 헤저드가 발생했다. 이때 성행한 것이 서브프라임 모기지론 같은 비우량 담보대출이다. 2006년 말 현재 서브프라임 모기지는 미국 전체 주택 모기지 가운데 13.7퍼센트(1.37조 달러)를 차지하는 것으로 추산되고 있다.

한편, 모기지 업체들은 고객 대출자금 조달을 위하여 상당 부분 비우량 주택 저당채권 등 부동산 관련 채권을 대형 투자은행에 팔거나, 자체적으로 또는 유동화 회사를 통하여 RMBS(주택담보대출 유동화 증권)을 발행하여 매각했다. 골드만삭스, 모건스탠리 등 대형 투자은행들은 모기지 업체로부터 사들인 각종 모기지 채권을 기초로 ABS · CDO(Collateralized Debt Obligation, 부채담보부증권) 등 다양한 파생금융 상품을 만들어, 다시 고수익을 노리는 헤지 펀드나 보험사와 같은 투자자들에게 판매했다. 미국 서브프라임 모기지 대출의 약 54퍼센트 정도가 모기지증권(MBS)화되었다. 뿐만 아니라 투자은행들은 서브프라임 모기지의 위험을 막고자 CDS(신용디폴트스왑) 등 신용파생상품을 발행하여 전 세계 은행, 보험사, 헤지 펀드 등의 투자자에게 판매했다.

그런데 급성장하던 서브프라임 모기지가 2005년 말부터 대거 부실 채권으로 전락했다. 하늘 높은 줄 모르고 오를 것 같던 주택 가격

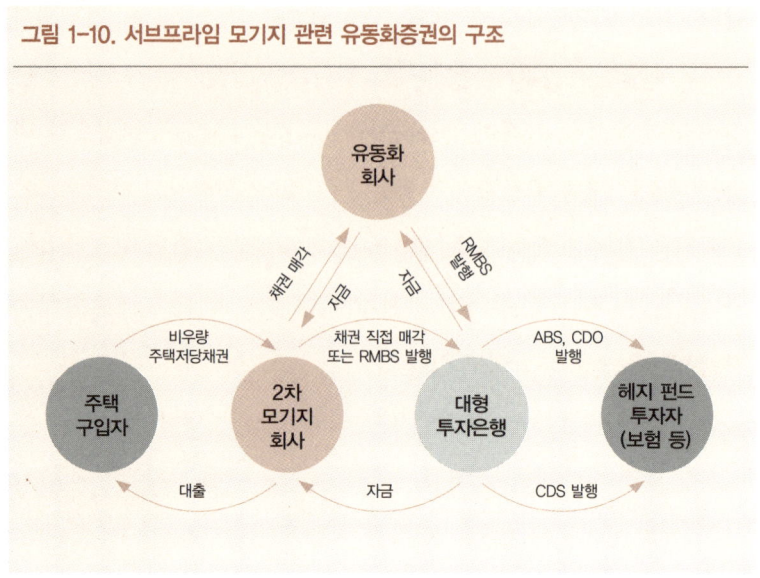

그림 1-10. 서브프라임 모기지 관련 유동화증권의 구조

이 금리 상승이라는 직격탄을 맞은 것이다. 미국 연준(FRB)이 2005년
부터 17차례에 걸쳐 금리를 인상했기 때문이다. 게다가 2006년에는
2004년에 대출된 하이브리드 서브프라임 모기지의 금리가 고정 금
리에서 변동 금리로 변경되면서 금리가 급등했다. 서브프라임 모기
지를 대출한 저소득층들의 원리금 부담이 급격히 커졌고, 주택 값도
떨어지면서 주택을 담보로 하는 추가 대출도 어렵게 됐다. 더구나 서
브프라임 모기지는 조기 상환을 하려고 하면 패널티(조기 상환 벌과금)
가 높아서 쉽게 처분할 수도 없어 사정을 더욱 어렵게 만들었다.

2003년 7퍼센트대에 머물던 연체율이 2006년 말 14퍼센트를 넘
어섰다. 이는 모기지 은행의 파산과 서브프라임 주택담보대출증권

(MBS)의 금리 급등을 유발해 모기지 시장에 커다란 충격을 주었다. 이에 따라 서브프라임 모기지 관련 증권들 역시 무더기로 신용 등급 하락에 직면하였다. 모기지 금융회사의 수익 악화는 금융시장 내 전 반적인 신용 경색을 불러왔다. 모기지 회사들이 부채 회수를 강화하 고 무분별한 서브프라임 모기지 대출을 억제한 것이다. 다른 금융기 관들도 신용 위험 관리를 강화하면서 차입자에 대한 원리금 부담을 가중시켰다. 연체율이 높아질수록 급매물로 나오는 집이 늘어나고, 그것이 다시 집값 하락을 부채질하는 악순환을 초래하는 것이다. 결 국 이 과정에서 모기지를 취급하던 회사들이 파산 신청을 하는 등 크고 작은 회사들이 도산 위기에 몰렸다.

미국발 서브프라임 사태가 글로벌 금융시장으로 파급된 것은 그 림에서 보듯이 대출 받는 개인부터 글로벌 금융회사에 이르기까지 연쇄적으로 이어지는 고리 때문이다. 미국 내 신용 경색 현상은 결 국 글로벌 투자은행, 헤지 펀드, 보험회사 등의 부실로 연결되면서 세계 금융시장과 경제를 뒤흔들고 있다. 미국의 경제성장이 크게 떨 어질 것으로 전망되고, 이 때문에 미국의 서브프라임의 향방에 전 세계 금융시장이 촉각을 세우고 있는 것이다.

우리나라도 서브프라임 사태의 안전지대는 아니다. 사실 우리나 라 금융기관들이 직접적으로 서브프라임 모기지에 투자한 금액은 그리 크지 않아 보인다. 따라서 미국 서브프라임 사태가 국내 금융 회사에 미치는 영향력은 제한적일 것이다. 문제는 직접투자가 아닌 금융시장의 불안에 따른 간접 피해다. 글로벌 금융시장 불안과 이에 따른 신용 경색은 외국인의 주식 투자 자금의 유출을 유발하고, 국내 금융기관과 개인들의 투자 심리를 크게 위축시킨다. 이는 탄탄한 상승세를 이어가던 국내 주식시장의 흐름을 바꿀 수도 있는 심각한 현상이다.

예사롭지 않은 국내 미분양 주택 확산

미국의 서브프라임 문제가 예사롭지 않아 보이는 것은 바로 우리의 부동산 문제 때문이다. 미국 서브프라임 사태가 발생하자 비은행권의 부동산 관련 대출의 부실화 가능성이 일부 제기되고 있다. 우리나라 비은행 금융권은, 미국의 서브프라임 모기지론을 제공한 모기지 회사와 같이, 은행에 접근하기 힘들거나 은행들의 LTV(Loan To Value ratio, 주택담보대출비율 : 주택 담보 가치에 따른 대출 가능 한도), DTI(Debt To Income ratio, 총부채상환비율 : 금융 부채 상환 능력을 소득으로 따져서 대출 한도를 정하는 계산 비율) 규제 등을 벗어나기 위하여 고금리에도 불구하고 접근한 사람들에게 대출한 사례가 많기 때문이다.

미국 서브프라임 모기지 문제는 미국 부동산 경기 후퇴 및 대출금리 상승으로 인한 연체율 급등으로 야기되었다. 2007년 은행권의 가계 대출에 대한 연체율이 0.6퍼센트 미만에서 움직이고 있어 주택담보대출 부실화 문제는 은행권과는 무관할 수 있다. 그렇지만 저축은행 등 비은행 금융권의 연체율은 10퍼센트 이상 고공행진을 지속하고 있어 자칫 문제될 수 있다는 지적이 끊이지 않고 있다. 저축은행의 경우 그 연체율이 적극적인 부실 정리 노력 및 리스크 관리 능력 제고 등에 힘입어, 지표상으로는 2004년 22.8퍼센트에서 2005년 20.1퍼센트, 2006년 16.2퍼센트, 2007년 14.7퍼센트 등 해마다 하락하고 있다.

그러나 최근 미분양 아파트 급증 등을 고려할 때 항상 위험 수위에서 벗어나지 못하고 있다. 2008년 초반 현재 전국 미분양 아파트 수가 12만 채를 훌쩍 넘어섰다. 업계에서 피부로 느끼는 체감 수치는 이보다 훨씬 크다. 게다가 주택 수요도 크게 약화되고 있다. 고유가와 원자재 가격 급등 등도 시차를 두면서 우리 경제의 발목을 잡을 가능성이 크다. 국내 주택 시장이 미국과 달리 연착륙하기를 바라지만 어떠한 계기로 한번 무너지기 시작하면 우리가 상상하는 것 이상으로 집값이 떨어질 수 있다.

미국의 서브프라임 사태가 발생할 당시 서브프라임 모기지의 연체율이 13~14퍼센트 수준이었음을 상기할 필요가 있다. 지방 중견 건설업체들의 도산이 잇따르면서 부동산 프로젝트파이낸싱(PF) 대출에 적극적으로 나섰던 저축은행 등 제2금융권을 중심으로 "한국판 서브프라임 모기지(비우량 주택담보대출) 사태가 벌어질 수 있다"는 주장이 나오고 있다. 건설 사업을 담보로 금융기관이 시행사에 자금

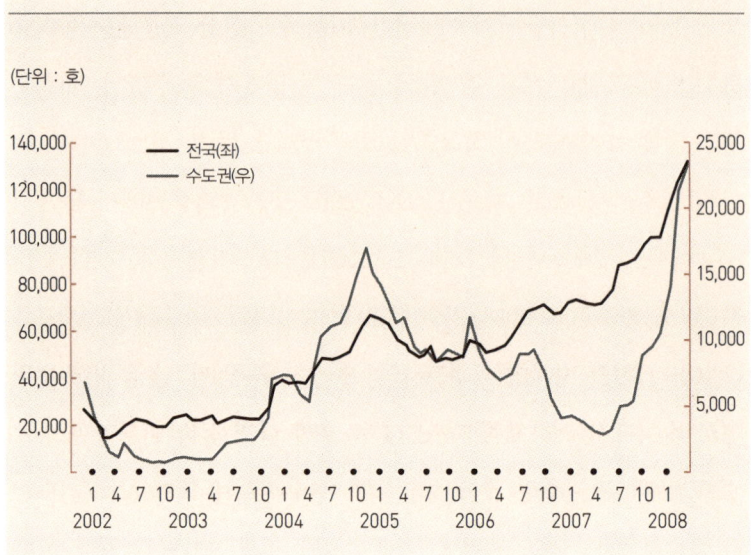

그림 1-11. 미분양 아파트 추이

(단위 : 호)

— 전국(좌)
— 수도권(우)

1 4 7 10 1 4 7 10 1 4 7 10 1 4 7 10 1 4 7 10 1 4 7 10 1
2002　2003　2004　2005　2006　2007　2008

자료 : 국토해양부

을 대주고 분양 수익으로 대출금을 회수하는 방식인 PF 대출은, 미분양 물량이 쌓이거나 건설업체가 도산할 경우 부실로 이어질 수밖에 없다. 건설업체들의 도산이 금융계까지 위협하고 있는 것이다.

미국의 서브프라임 구조와는 달리 우리나라는 서브프라임 모기지의 증권화 현상이 크지 않아 다행이지만 안심할 수 없다. 만일 한국판 서브프라임 사태가 도래한다면 주택담보대출 급증 문제와 맞물려 가계에 심각한 신용위기를 초래할 수 있다. 금융감독원에 따르면 2007년 말 현재 우리나라 은행권의 주택담보대출은 220조 원을 상회한다. 이는 2000년 54조 원에서 무려 4배 가까이 상승한 수치이며, 명목 GDP 대비 주택담보대출 비율이 10퍼센트에서 35퍼센트로 상승하였다. 대부분은 금리가 오르면 원리금 상환 부담이 늘어나는 변동 금리 대출이다.

그런데 2006년 이후부터 변동 금리부 주택담보대출 금리가 전반적으로 오름세를 타고 있다. 대출금이 많은 사람일수록 자금난에 내몰릴 가능성이 커진 것이다. 일각에서는 "고금리 때문에 대출자들이 최악의 상환 부담을 떠안는 사태가 벌어지고 있다"는 분석까지 나오고 있는 실정이다. 특히 오는 2009년부터 장기 분할 상환 방식으로 주택 대출을 받은 가계들의 거치 기간(대출을 받은 후 일정 기간 이자만 지급하다가 거치 기간이 끝나면 원금을 분할 상환하는 방법)이 연차적으로 끝날 것이다. 예전 같으면 거치 기간이 끝난 뒤 다른 은행에서 대출을 받아 기존 대출을 갚는 '돌려 막기'가 가능했지만, 최근에는 LTV뿐 아니라 DTI 규제까지 적용되어 이도 여의치 않은 상황이다. 현실적으로 가계 금융자산은 부족하고 가계 부채 비율이 높은 상황에서, 금융자산을 매각해 주택담보대출 부담을 해결하기란 불가능하다. 취약한 가계 재무구조를 견디지 못해 내놓는 매물이 급증하면 집값이 적정 가격 이하로 떨어질 수도 있다.

나는 부동산 시장이 연착륙하기를 바라는 사람 중 하나다. 정부역시 경착륙이 되지 않도록 최선의 노력을 기울이고 있다. 그러나이런 바람과 정부의 노력이 사람들 무관심 때문에 무위로 돌아갈 가능성이 있다. 혹자는 부동산은 끝까지 불패라고 믿으며 어떤 경고에도 귀를 기울이지 않는다. 오히려 어떻게 부동산 가격이 폭락할 수 있냐고 반문한다.

한국판 서브프라임 문제를 최소화하기 위해서는 무엇보다 국내 주택 가격의 급락을 막아야 할 것이다. 따라서 향후 최대 당면 과제는 주택 시장의 연착륙이다. 무리한 지역개발을 자제하여 거품 확대를 막는 등 매우 조심스러운 정책이 필요하다. 가계도 대출에 의존한 주택 구입을 자제하고 투기적인 재테크보다는 건전한 소비생활을 영위하는 자세를 갖추어야 한다. 더불어 '내 집 마련이 평생 소원'이던 1970~80년대 식 정신에서도 벗어나야 할 것이다.

스태그플레이션 이후의
주택 시장은

일반적으로 경기가 침체되면 물가는 떨어지기 마련이다. 기업의 생산 활동이 위축되면서 실업이 증가하고, 이는 다시 소비 감소로 이어져 물가 하락을 불러오기 때문이다. 2008년 세계경제는 고유가에 서브프라임 사태가 더해 지면서 스태그플레이션(stagflation)에 진입할 것이라는 전망이 제기되고 있다. 금부터 밀에 이르기까지 주요 소비재 가격이 기록적인 급등세를 보이면서 스태그플레이션 진입론이 힘을 얻고 있다. 스태그플레이션이란 경기 불황 중에도 물가가 계속해서 올라가는(inflation) 현상을 말한다.

스태그플레이션의 역사를 간단히 살펴보자. 1973년 중동 전쟁이 석유 전쟁으로 비화하자 세계경제는 제2차 세계대전 이후 가장 심각한 불황에 직면하였다. 당시 유가는 10월부터 불과 넉 달 사이 4배까지 급등했다. 하루가 다르게 치솟는 물가 때문에 부동산 투기와 생필품 사재기 소동까지 벌어졌다. 이처럼 치솟은 유가는 전 세계적으로 기업의 도산을 불러왔고, 그 영향으로 많은 노동자들이 일자리를 잃고 말았다. 이것이 바로 1차 석유 파동이다.

그리고 1978~1979년, 이란이 석유 수출을 중단하자 2차 석유 파동이 나면서 또다시 스태그플레이션이 발생했다. 이미 1차 석유 파동을 경험했던 많은 나라들이 석유를 비축하여 유가 상승 폭은 크지 않았다. 그러나 1978년 12월 12.7달러였던 유가가 1980년 10월까지 3배나 급등하면서 전 세계적으로 극심한 불황을 겪게 되는데, 특히 석유 의존도가 높은 우리나라의 피해가 컸다. 당시 우리 경제는 정식 통계를 기록한 이후 사상 처음으로 마이너스 성장을 기록했고, 소비자물가는 연평균 30퍼센트를 웃돌았다.

이러한 스태그플레이션 현상은 개별 시장에서도 일어날 수 있다. 사회 전반으로 웰빙을 추구하는 분위기라 커피 수요가 줄고 있다고 가정해 보자. 그런데 브라질에서 커피 농사가 극심한 흉년이 들어 원두 가격이 급등하면서, 2,000원이던 커피 한 잔이 6,000원이 된다면 소비자들은 지갑을 닫을 것이다. 가뜩이나 원재료 가격이 상승해 어려운데 커피 제조업자 도산은 불 보듯 뻔한 일이고 커피 시장은 더욱 침체될 것이다. 이것이 바로 스태그플레이션이다. 그런데 이런 스태그플레이션이 현재 우리나라의 주택 시장에서 뚜렷이 나타나고 있다. 커피가 아니라 고가의 주택이기에 더욱 심각하다.

정부의 강력한 부동산 정책 때문에 2006년 하반기부터 주택에 대한 수요가 전반적으로 떨어지고 있는 실정이다. 하지만 부동산 경기 호황 때 착공되었던 주택들이 완공되면서 이미 지방의 주택 시장은 초과 공급 현상이 나타나고 있다. 앞서 말한 것처럼 2008년 3월 현재 전국 미분양 아파트 수는 13만 채에 육박하는데, 업계에서는 이 수치보다 2~3배 더 높게 느끼고 있다. 서울 역시 다세대·다가구 주택, 오피스텔 등의 공급이 넘치고 있지만, 특정 지역을 제외하고 신규 아파트 청약도 저조한 실정이다.

필자가 편집위원으로 있는 한 금융 전문지에는 노후 준비에 실패한 40억 원대 자산가 이야기가 실려 있다. 실물 자산을 많이 가지고 있는 것이 문제였다. 열심히 일해 모은 돈으로 강남에 아파트 2채를 장만했는데 모두 양도소득세 중과세에 해당되는 고가 주택이었다. 부동산으로 노후 준비를 하려 했을 뿐인데 그 부동산이 발목을 잡은 꼴이었다. 회사에서 은퇴한 그는 은행 이자와 연금 등으로 생활하고 있어 현실이 빠듯하지만 실물 자산이 많아 거액의 보유세를 내야 한다. 현실 돌파를 위해 수천 만 원 낮춰 아파트를 내놓았지만 거래가 없다. 주택 시장에 스태그플레이션 현상이 이미 일어난 것이다.

이처럼 주택 거래가 매우 한산해졌는데도 그 가격은 하락하지 않고 있다. 이는 원자재 및 토지 가격 그리고 주택 건축비용의 지속적인 상승이 그 원인이다. 특정 선호 지역의 초과수요 현상에 따른 재건축 아파트 가격 상승은 아파트 분양가를 높이는 요인으로 작용하고 있다. 게다가 2007년과 2008년 대선과 총선의 영향으로 지역개발 공약이 또 한 차례 토지 가격 상승을 불러왔다. 주택 수요가 부진한 만큼 특정 지역의 주택 가격 급등이 전국적으로 확산될 가능성은 낮지만, 스태그플레이션 현상이 상당 기간 지속될 가능성은 높다.

3가지 시나리오

이런 상황에서 국내 부동산 시장은 어떠한 움직임을 보일 것인가. 이를 시나리오별로 살펴보자.

첫째, 정부 정책과 관계없이 주택 가격이 꾸준히 상승한다는 견해다. 1인당 국민소득 2만 달러 시대가 말해 주듯, 개인의 소득 증대는 수도권 주택의 수요 증가로 이어져 주택의 가격을 상승시킨다는 주장이다. 선진국에 비해 수도권 지역의 주택 보급률이 낮다는 것, 외국 자본 유입의 증가로 도심이나 강남, 여의도 등 특정 지역의 오피스 수요가 늘어난다는 전망이 이 견해를 뒷받침해 주고 있다. 만일 그렇지 않다고 하더라도 소득 양극화가 심화되면서 부유층들의 부동산 수요가 지속되어, 최소한 강남권의 불패 신화는 유지될 것이라고 생각하고 있다. 주로 부동산 관련 업자들이 펼치는 주장이지만 전혀 불가능한 이야기는 아닌 듯하다.

둘째, 강력한 부동산 대책이 효력을 발휘해 부동산 시장이 경제에 큰 충격을 주지 않고 연착륙할 것이라는 견해다. 이 견해는 우리의 거품이 일본의 거품보다 정도가 약하다는 점을 강조하고 있다. 정부는 급격한 긴축을 피하는 조심스러운 정책을 운용하고 있다. LTV가 거품 붕괴 당시 일본보다 훨씬 낮고, DTI도 시행하고 있어서 주택 시장이 경착륙할 가능성은 희박하다고 주장한다. 만일 거품이 붕괴되더라도 국가 재정이 당시 일본에 비해 튼튼하고, 외환위기 시절 뼈를 깎는 구조조정을 통해 우리나라 은행권이 비교적 튼튼하기 때문에 급락하지 않을 것이라 믿고 있다. 이는 부동산 거품을 인정하고 있는 정부가 내세우는 견해로서 많은 사람들이 원하는 상황이다.

셋째, 어떤 계기로 한번 무너지기 시작하면 생각 이상으로 떨어진 다음 충분한 시간이 지난 후 적정 가격으로 회복된다는 견해다. 비록 일본보다 거품 정도가 약하지만 두 나라는 부동산 거품 대상이 다르다. 한국은 공급이 가능한 주택인 반면에 일본은 공급이 거의 불가능한 토지에 거품이 끼었다. 따라서 우리나라는 일본 정부가 쓸 수 없었던 공급 확대 정책을 쓰고 있다. 결국 급격한 긴축은 피하고 있지만 꾸준한 주택 공급으로 언젠가는 과잉 현상이 문제가 될 것이라는 이야기다. 지방 미분양 아파트가 수도권을 거쳐 서울에도 나타날 수 있다는 것이다.

뿐만 아니라 이 경우 세금과 대출이자 증가가 커다란 부담이라고 강조하고 있다. 세금은 한 번만 내는 게 아니라 상승한 만큼 매년 더

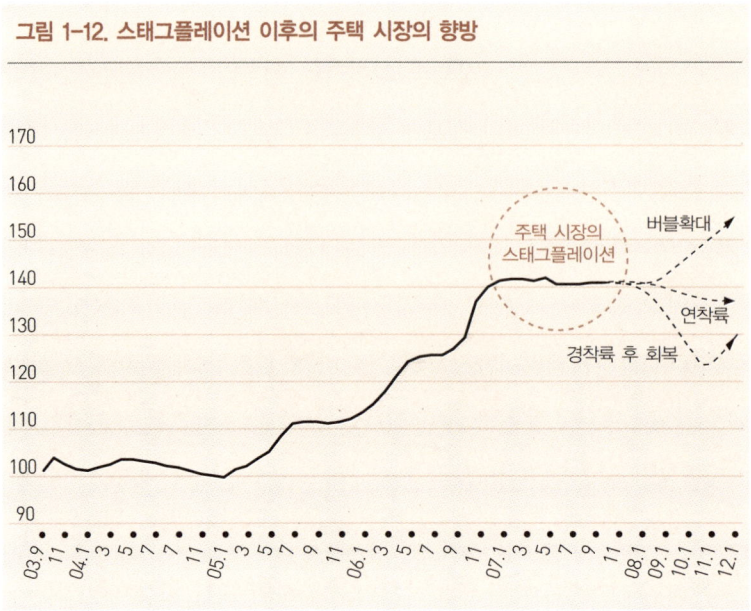

그림 1-12. 스태그플레이션 이후의 주택 시장의 향방

주택 시장의
스태그플레이션

버블확대

연착륙

경착륙 후 회복

자료 : 국민은행

내야 하는 상황이므로 고가 주택을 소유하고 있는 사람들 부담은 갈
수록 커지고 있다. 금리 또한 꾸준히 상승하는 중이라 주택담보 대
출이자 부담도 덩달아 증가하고 있다. 결국 이 부담 때문에 매물이
급증하면 적정 가격 이하로 떨어질 것이다.

위험 자산이 되어 버린 부동산

부동산을 둘러싼 논란은 정권이 교체될 때마다 뜨겁게 과열됐다.

기존 정부와 새 정부의 정책은 다를지 몰라도 핵심은 결국 "부동산이 앞으로도 계속 오를 것이냐, 안정될 것이냐"이다. 강남을 비롯해 일부 지역의 부동산 거품 가능성에 대한 우려는 객관적 사실을 냉정하게 받아들이고 대비하자는 것이다. 부동산 시장에 영향을 미치는 각종 요인을 종합적으로 분석해 보면, 앞으로는 부동산 가격이 마냥 오르기 어렵다는 점을 알 수 있다.

정부는 주택 가격 안정을 위하여 전방위로 정책을 펼치고 있다. 지난해 11·15 대책을 발표한 이래 금년 들어 또다시 1·11 대책과 1·31 대책을 내놓았다. 10·29 대책, 8·31 대책 등 과거 수많은 투기수요 억제 정책들은 가격 불안이 발생한 이후 발표되는 바람에 사실 정책 효과가 반감되었다. 과열된 부동산 시장이 잠시 주춤했다가 그 효과가 떨어지면 다시 상승하는 계단식 상승을 보여 준 것이다. 하지만 최근 대책들은 부동산 시장이 소강 상태를 보이는 시점에 발표된 것이라 정부의 강력한 의지를 엿볼 수 있다. 특히 그동안 시민단체와 건설업체 간의 찬반 논란 속에서 검토됐던 분양가 인하 방안도 확정되었고, 2017년까지 장기임대주택을 총 260만 호 공급하겠다는 방안도 마련해 놓고 있다. 신정부 들어서도 공급 확대 정책이 이어질 것으로 보인다. 이제 정책 당국은 그야말로 쓸 수 있는 카드는 모두 꺼내 놓고 있다.

뿐만 아니라 한국은행은 2006년 말 16년 만에 지급준비율을 올리고 총액 대출 한도를 축소하였다. 금융감독원도 시중은행의 가계 대출에 대한 대손충당금 적립 비율을 올리고 주택담보대출에 대한 규제를 강화하였다. 이처럼 금융 긴축정책이 강화되면서 국내 금융기관들의 대출금리가 가파르게 상승하였다. 금융 당국의 연이은 유동성 규제 조치로 시중 은행들이 단기 시중 자금을 마련하려고 CD 발행 규모를 늘리면서 CD 금리가 급등하였기 때문이다. 한국은행이 콜금리 목표치를 지난 2006년 8월 이후 4.5퍼센트에서 동결하고 있다. 경기회복을 위해 금리 인하 압력에도 가파른 물가 상승과 주택 가격 급등 가능성 등으로 통화 당국은 좀처럼 금리를 올리지 못하고 있다.

정부의 연이은 대책과 금융 당국의 강력한 대출 규제로 지난해 말 이후 주택 가격 상승률이 하향세를 보이고 있다. 정부의 부동산 시장 안정 의지가 효력을 보이자 투자자들 사이에 이제 부동산이 더 이상 안전하고 수익성 높은 자산이 아니라는 인식이 퍼지고 있다.

화살은 이미 오래전 시위를 떠나 과녁을 향해 돌진하고 있다. '부동산 불패'라는 과녁을 맞힐지, 부동산 시장 연착륙이라는 과녁을 맞힐지, 아니면 빠르게 급락했다가 서서히 회복하는 경착륙이라는 과녁을 맞힐지는 현재로서는 장담할 수가 없다. 중요한 것은 부동산이 연착륙이냐 경착륙이냐를 떠나서 이미 위험 자산이 되어 버렸다는 사실이다. 뿐만 아니라 부동산은 세금 부담이 만만치 않은 장기 투자 상품으로서 5~10년 이후 상황을 신중히 고려하여 투자해야 한다. 여러 가지 상황을 고려할 때, 이제는 가격 급등 추세가 계속되리란 가정이 과연 현실적인지 투자자 스스로 냉정히 판단해야 할 시점이다.

◀◀ **3장**

우울한 중산층

늙어 가는 사회

1999년 여름, 식구들이 잠시 미국에 간 사이 난생 처음 혼자서 배낭여행을 떠났다. 오래전부터 관심이 많았던 일본 역사를 내 눈으로 확인하고 싶어 비행기 표 한 장 손에 들고 일본으로 향했다. 그때 교토가 과거의 사적들을 완벽하게 복원시켜 놓은 데 대해 깊은 감명을 받았다. 우리나라의 사대문 안은 과거와 현재가 혼재되어 있는 데 반해 교토는 그야말로 완벽하게 과거를 재현해 놓고 있었다.

그런데 1997년 초 일본 방문 때에는 느끼지 못했던 현실을 깨달 았다. 당시 업무차 방문한 도쿄 시내에는 활기차고 개성 넘치는 젊은이들로 넘쳐났다. 그런데 교토는 달랐다. 일본 관광객 대부분이 60~80세에 이르는 노인들로서 떼를 지어 관광을 하고 있었다. 일본이 고령화 사회임을 실감나게 하는 장면이었다.

그즈음부터 나는 자연스럽게 우리나라 역시 머잖아 그리될 것이라 여기며 고령화에 관심을 갖기 시작했다. 우리 사회에서 기성세대란 근면과 성실 그리고 희생을 바탕으로 현재 우리 경제의 기초를 다진 50~60대들을 말한다. 그런 그들이 라이프사이클 한쪽 저편으로 물러설 수밖에 없는 현실에 봉착했다. 경제적 풍요가 삶의 질 향상은 물론 의학 발전으로 이어져, 은퇴 시기는 앞당겨졌는데 수명은 늘어나는 아이러니한 현실을 만든 것이다.

국제연합(UN)은 65세 이상 노인 인구 비율이 전체 인구의 7퍼센트 이상을 차지하는 사회를 고령화 사회(aging society), 14퍼센트 이상이면 고령 사회(aged society), 20퍼센트 이상이면 초고령 사회(super-aged society)로 구분하고 있다. 이 기준에 따르면 우리나라는 2000년에 이미 고령화 사회에 진입했고, 2019년에는 고령 사회로, 2026년에는 초고령 사회로 진입할 것으로 예상된다. 불과 20여 년 후면 노인 인구 1,000만 명 시대에 진입하고, 인구 5명 중 1명은 65세가 넘은 노인이라는 얘기다.

우리나라가 고령화 사회에서 고령 사회로 진입하는 데 걸리는 시간은 불과 19년. 전 세계에서 그 유래를 찾아볼 수 없을 정도로 빠른 속도다. 더욱 놀라운 것은 고령 사회에서 초고령 사회로 진입하는 데 걸리는 기간이 7년이라는 것이다. 세계에서 가장 먼저 고령화 사회로 진입한 프랑스의 경우, 고령화 사회가 되기까지 115년이란 시간이 필요했다. 고령화가 가장 빠르게 진행되었다는 일본도 우리보다 5년이나 늦은 24년이 걸렸다.

이처럼 우리나라가 유례없는 초고속의 고령화 사회로 가는 이유는 두 가지다.

첫째, 의학의 발달과 웰빙 등으로 평균수명이 빠르게 증가하기 때문이다. 현재 대한민국은 OECD 30개 국가 중 터키를 제외하고 평균수명이 가장 빠른 속도로 늘고 있다. 해마다 0.5세 이상씩 기대 수명이 늘어 가고 있다. 통계청에 따르면 2006년 태어난 우리나라 신생아의 기대 수명은 남자 75.7세, 여자 82.4세다. 이는 남자 75.2세, 여자 80.4세인 미국보다 앞선 수치다.

우리나라 사람들의 특정 사인에 의한 사망률은 남자의 경우 위암·간암·폐암 등 암에 의한 사망이 가장 높고, 그 다음으로 뇌혈관 질환, 고혈압, 심장 질환 등 순환기계 질환이 높다. 반면에 여자의 경우 남자와 반대로 순환기계 질환이 가장 높고, 그 다음이 암에 의한 사망률이다. 의학이 더욱 발달해 사망 원인이 제거될 경우 2006년 태어난 신생아의 경우 남자는 10년, 여자는 7년 정도 기대 수명이 늘게 된다. 여기에다 사고나 자살 등으로 죽지 않고 살아남은 사람은 더욱 오래 산다. 계속 이런 추세라면, 전통적으로 섬유질 중심의 식단을 지닌 우리나라가 머잖아 일본을 제치고 최장수 국가라는 타이틀을 차지할 것이다.

둘째, 수명 연장보다 더 심각한 저출산 문제 때문이다. 2006년 현재 우리나라의 가임 여성 한 명이 가임 기간 동안 생산하는 합계출산율은 1.13명으로 OECD 회원국 중 가장 낮은 수준이다. 2006년 쌍춘년과 2007년 황금돼지해 속설로 결혼과 출산이 크게 늘어 합계출산율이 1.26명으로 늘었다. 그러나 출산아가 줄어드는 흐름은 바뀌지 않았다.

베이비붐 세대가 끝난 1960년대 중반부터는 "둘만 낳아 잘 기르자"는 슬로건이 인구정책이었다. "잘 키운 딸 하나 열 아들 안 부럽다"가 유행할 정도로 우리나라 역시 식량 위기, 인구 폭발, 환경 위협 등에 대비해 인구 억제 정책을 펼쳤다. 그런데 지금 우리는 세계

그림 1-13. 합계출산율 추이

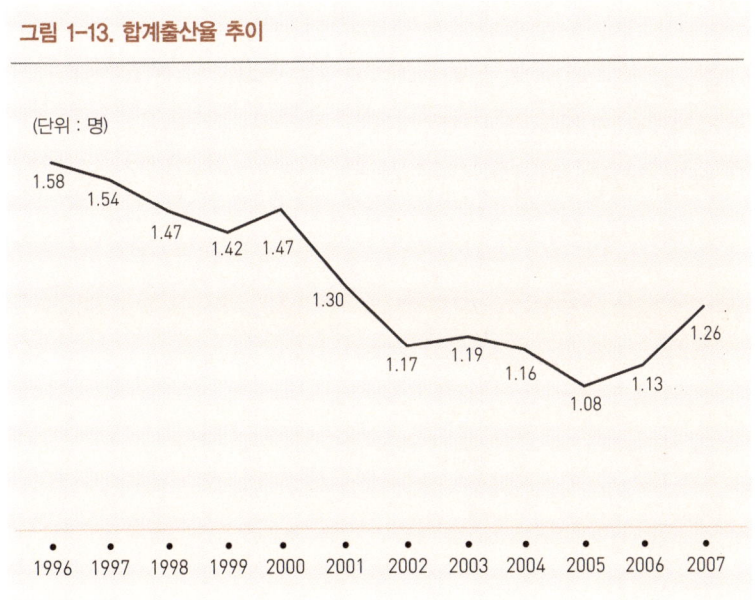

(단위 : 명)

자료 : 통계청

유례없는 저출산을 보이고 있다. 3명 이상 출산할 경우 국가에서 보조금을 지급하는 법안이 만들어질 정도로 심각한 수준이다. 단순한 수치상으로도 가임 여성이 최소 2명은 낳아야 현재의 인구가 유지되는데, 합계출산율이 1에 가깝다는 것은 인구가 결국에는 줄어들 수밖에 없음을 의미한다. 현재 인구가 줄지 않고 늘어나는 것은 '태어나는 사람'보다 '오래 사는 사람'이 더 많기 때문이다.

생산 활동 인구보다 65세 이상의 노령 인구가 많은 사회는 곧 우리의 현실이 될 것이다. 이 현실은 핵가족화와 높은 교육열로만 설명되지 않는다. 학업 기간이 늘어나면서 여성의 경제활동과 자아실현에 대한 욕구가 늘어났고, 결혼에 대한 가치관이 변해 독신 남녀가 증가하고 있다는 점도 한 원인이 될 것이다.

더구나 맞벌이 부부가 늘어나면서 탁아 비용부터 각종 사교육 비용까지 만만치 않게 드는 각종 비용도 저출산에 한몫했다.

우리나라뿐 아니라 OECD 회원국 대부분이 고령화로 골머리를 앓고 있다. 우리나라가 다른 국가들과 차이를 보이는 것은 이미 말했듯이 바로 속도다. 이대로 가다가는 머잖아 청년 1명이 노인 1명을 부양하는 시대가 올지도 모른다.

예견되는 세대 간 일자리 전쟁

고령화 문제는 국력 감소에서 간단히 끝나지 않는다. 생산할 인력도 없고 소비할 사람도 없어진다. 생산은 못하고 부양에 의존하는 인구가 많아지면 국가재정은 만성적으로 적자가 되고 기업의 사회부담 비용은 증가한다. 이는 경제 자체의 활력을 잃게 하고 노동력의 해외 이탈을 가져올 수 있다.

자본주의사회에서는 모든 가치보다 경제가 우선한다. 만일 국가경제가 침체되면 애국심만으로 국가 정체성을 유지하기가 어려워진다. 수준 높은 교육을 받은 세대가 힘든 국가 현실을 감내하면서까지 국내에 남아 있지 않을 것이란 말이다. 벌써부터 해외 인재들이 국내로 돌아오지 않을 뿐만 아니라 국내 활동 인재마저도 분주히 해외로 빠져나가고 있다.

인구구조가 이전 시대에 한 번도 경험하지 못한 구조로 바뀌면 상상하지 못한 일들이 벌어진다. 그중 하나가 바로 노동시장의 수급 불균형이다. 결혼도 어렵게 된다. 동일 연령대에서도 남자가 여자보다 숫자가 많은데, 나이가 적을수록 절대 인구 자체가 적다. 즉, 3~5세 어린 여자의 숫자는 3~5세 많은 남자의 숫자보다 20퍼센트 이상 부족하게 된다. 이는 결국 결혼의 어려움을 가중시키고 만혼 풍조와 인구 감소라는 악순환을 가져오는 것이다.

우리는 현재 수치적 고령화 사회보다 더욱 심각한 사회적 고령화를 겪고 있다. 경기가 침체되면서 명예퇴직, 정리 해고 등으로 조기 퇴직자들과 청년실업이 넘쳐나고 있는 것이다. 조기 퇴직의 경우 발달된 공적·사적 연금제도로 근로자 스스로가 조기 퇴직하는 선진국과는 다른 차원에서 이루어진다. 오죽하면 조기 퇴직자의 신세를 비관하는 '삼팔선', '사오정', '오륙도', '육이오'라는 신조어가 생겨났겠는가. 이 문제를 해결하기 위하여 기업은 나름대로 숙련된 고령 노동자를 고용하여 활용하고 있다. 정부 또한 정년 연장을 위해 임금 피크 제도를 도입하는 등 사회 전반적으로 자구책 마련에 애쓰고 있으나 정착은 힘든 현실이다.

뿐만 아니라 전체 실업자의 절반이 청년 실업자다. '백수'와 '백조'는 직업 없는 20대 남녀를, '청백전'은 '청년 백수 전성시대', '이태백'은 '20대 태반이 백수'를 일컫는 말이고, '장미족'은 '장기간 미취업 상태'라는 의미를 지니고 있다. 심지어 자발적 혹은 비자발적으로 취업을 포기한 후 아르바이트로 생활하는 프리터(Freeter: Free Arbeiter)족, 취업·직업훈련·교육 등 아무것도 하지 않고 가지고 있는 돈으로 먹고 사는 니트(NEET: Not in Education, Employment or Training)족까지 생겨났다. 한 연구기관 조사에 따르면 우리나라의 NEET족은 현재 정확한 수치 추정은 어렵지만 2015년에는 전체 인구의 1.7퍼센트에 이르는 85만 명 수준이 될 것이라 보고 있다.

세태를 반영하듯이 한때 청년 실업자가 40만 명을 넘어서면서 청년 실업률 8퍼센트를 기록한 적도 있다. 그러다가 최근 다소 감소하는 것으로 나타나고 있는데, 이는 일자리가 늘어난 것일 수도 있지만 다른 한편으론 구직 단념자가 증가했기 때문이다. 실업률은 '경제활동인구 중 실업자 수÷경제활동인구'로 계산하는데, 구직 단념자가 분모(경제활동인구)에서 빠지면 그보다 작은 분자(실업자 수)에서도 빠지게 된다. 따라서 구직 단념자가 늘면서 실제로 고용률은 증가하지 않았는데 통계적으로 실업률이 감소하는 착시 현상이 나타나고 있다. 더구나 상당수가 현재 자기 직업에 만족하지 못하고, 언제든지 다른 곳을 찾아 떠날 준비를 하고 있는 것도 문제다.

수치적·사회적 고령화는 생산 인구 감소를 의미하므로, 실질 생산 감소는 경제성장 둔화를 불러온다. 경제성장이 둔화되면 국가 재정이 급속히 악화된다. 조세 수입은 감소해도 노인 인구가 늘어나면 덩달아 연금 및 의료비 등 사회복지 비용을 늘릴 수밖에 없다. 고령화 사회에 접어든 선진국가들은 막대한 사회복지 비용 때문에 이미 국가재정이 적자 상태에 접어들었다.

적자를 메우기 위해서 정부는 세금을 더 많이 걷는 수밖에 없다. 2000년 5.3퍼센트였던 노인 부양비율(15~64세 인구 대비 65세 이상 인구 비중)은 2010년 14.8퍼센트, 2020년 21.3퍼센트, 2050년 62.5퍼센트로 빠르게 증가할 것으로 예상된다. 다시 말해 2010년에는 청년 20명이 노인 3명을 부양하지만, 2020년에는 청년 10명이 노인 2명을, 2050년에는 청년 10명이 노인 6명을 부양해야 하는 것이다. 당연히 젊은층이 부담하는 각종 세금은 증가하지만, 노인들이 받는 혜택은 한정될 수밖에 없다. 위에서 언급한 것처럼 전체 실업자의 절반이 청년 실업자라면, 이 부담은 결국 일하는 젊은이들 몫으로 돌아갈 수밖에 없다. 일하는 사람들이 노인과 실업자를 부양해야 하는 상황이 오는 것이다.

게다가 고령화 사회의 노인들도 일자리를 찾기 위해 안간힘을 쓸 것이다. 이는 세대 간 '일자리 전쟁'을 예고한다. 일례로 일본에선 파트타임 또는 파견사원으로 일하는 15~35세 젊은층을 가리키는 '프리터'가 논란이 된 지 오래다. 베이비붐 세대, 즉 단카이 세대가 업무 능력과 상관없이 종신 고용과 연공서열이라는 기득권으로 보호받으면서 젊은 세대에게 넘겨줘야 할 일자리를 차지하고 있다는 비판이 일고 있는 것이다. 아직까지 일자리 전쟁에서는 기득권층이 우세하다고 볼 수 있다.

우리도 마찬가지다. 2007년 말 행정자치부가 공무원노동조합총연맹과 합의하에 6급 이하 공무원의 정년을 3년 이상 늘리기로 결정했다. 정년이 3년 연장된 것은 그 시간만큼 젊은 사람들의 자리가 줄어든다는 얘기다. 세대 간 일자리 전쟁에서 기득권층이 먼저 선수를 친 극명한 예다.

과도한 세금, 고령 인구·비경제 활동 인구와의 갈등, 그리고 그들의 부양까지 책임지면서 이 땅에 머물려는 젊은이가 얼마나 될지 알 수 없는 것이 현실이다.

쏟아지는 베이비부머

한국전쟁 전후로 태어난 사람들에게 우리는 다양한 명칭을 부여하고 있다. 예컨대 1940년대 출생자들을 '해방 세대' 또는 '전쟁 세대'라고 부른다. 이들이 훗날 '4 · 19 혁명'의 주역이 되기 때문에 한편으로는 '4 · 19 세대'라고도 한다. 1950년대 출생자들은 한국전쟁과 이후 암울한 사회 분위기 속에 청년기를 보내며 '장발 세대' 혹은 '포크 세대'로 상징되는 1970년대 문화를 이끌었다.

그리고 전후 세대 중 1955~1963년에 태어난 사람들을 '베이비붐 세대'라고 하는데, 보통 '베이비부머(baby boomer)'라고 부른다. 일반적으로 베이비부머는 전쟁 후에 태어나 거대한 인구 집단을 이루는 사람들을 일컫는 말이다.

이들은 콩나물시루와 같은 열악한 교실에서 교육 받았지만, 기존 세대와 비교가 되지 않는 고등교육을 받은 사람들이다. 도시의 경우 평균 고등학교 졸업 이상 학력을 지니고 있으며, 그중에는 입시 지옥을 경험하면서 대학교 이상 교육을 받은 사람들도 많다. 이들은 교육을 바탕으로 1980년대 우리나라의 경제 발전을 핵심적으로 이끌어 왔는데, 교육의 중요성을 누구보다 잘 알기 때문에 그 어느 세대보다 자녀교육에 매진했다. 그래서 본격적으로 '기러기 아빠'가 된 세대이기도 하다.

이 베이비부머들이 우리나라 집값과 밀접하게 연관을 맺고 있다는 사실을 아는가? 1980년대 후반 소위 저금리·저유가·저달러라는 '3저 현상'으로 사상 유례없는 호황을 누렸다. 이 호황에 힘입은 베이비부머들이 '88 서울올림픽'을 전후하여 일제히 집 장만에 나섰다. 그래서 1986년까지 하락 양상을 띠던 전국의 주택 가격이 1987~1991년 6월까지 급상승했던 것이다.

그리고 이들이 39~47세가 된 2002년부터 강남, 분당 등 교육 여건이 좋은 지역의 집값이 대형 평형을 중심으로 선별적으로 올랐다. 당시 베이비부머들은 대부분 중고생 자녀를 두고 있었다. 이들의 높은 교육열과 안정된 사회적 지위는 자연스럽게 베이비부머의 눈을 더 큰 집으로 향하게 했다. 그 결과 강남 중대형 아파트 가격이 급등했으며, 제2의 '베이비붐 주택 경기'가 형성되었다. 대한민국의 집값은 베이비부머들의 라이프사이클을 중심으로 해서 움직였다고 해

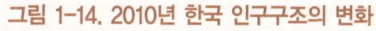

그림 1-14. 2010년 한국 인구구조의 변화

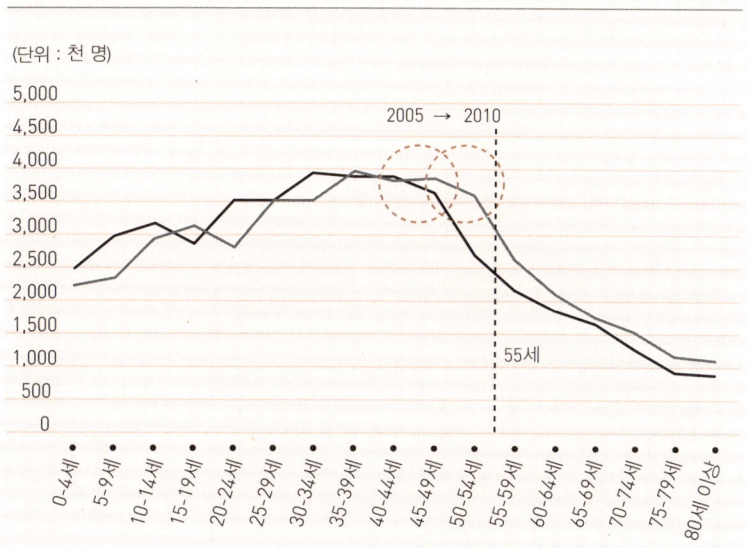

(단위 : 천 명)

2005 → 2010

55세

자료 : 통계청

도 과언이 아니다.

아무튼 우리나라 경제에 대들보로 역할했던 베이비부머들이 불과 2년 후인 2010년부터 은퇴를 시작한다. 은퇴 시기를 평균 55세로 보았을 때, 대략 2010부터 본격적으로 은퇴한다는 말이다. 정확하게 816만 명에 이르는 베이비부머들은 은퇴 후 바로 고령화 사회의 일원이 된다. 이들은 소위 '신 고령층'이라고 할 수 있는데, 검소라는 미덕에 보수적인 인생관을 가진 기존 고령자와는 달리 합리적이고 미래지향적인 성향이 강하다. 그림에서 보듯이 베이비부머뿐만 아니라 지금 30대에 이르는 세대들도 상당한 인구층을 구성하고 있다. 따라서 이들은 2010년부터 은퇴 시장이나 거리로 대거 쏟아질 것이다.

풍요로운 미국 · 일본 베이비부머들

미국과 일본 등에도 제2차 세계대전 이후 태어난 베이비부머들이 많다. 이들 베이비부머들은 우리보다 5~10년 정도 앞서 나타났는데, 이들 역시 그 나라 경제의 중추적인 역할을 담당해 왔다. 그들은 여유로운 금융자산과 각종 연금 혜택으로 인해 준비된 노후를 즐기고 있다. 이런 베이비부머들을 '시니어 르네상스(Senior Renaissance)'라고 부른다.

6,200만 명에 이르는 미국의 베이비부머(1946~1964년 출생)들은 이미 미국 소비 시장의 새 주역으로 떠올랐다. 2003년 미 정부의 소비자 조사에 따르면 베이비부머의 구매력이 젊은 세대를 앞질러 미국 기업들을 긴장시켰다고 한다. 미국의 베이비부머들은 자신들의 노후를 철저하다 싶을 정도로 즐기고 있다. 이들은 해외여행을 다니기도 하고, 7박 8일짜리 스키 강습에 500만 원 가까운 비용을 지불하기도 한다.

그들은 노후로 진입했지만 미국의 히피 문화를 탄생시킨 세대이다. 이들의 높은 이혼율 역시 경제적 풍요로움이 바탕이 되었기 때문이다. 그들은 심지어 자신의 관을 미리 주문하기도 하고, 특별한 장례식 절차를 계약하기도 하는 등 그야말로 풍족한 노후를 보내고 있다.

한편 일본에는 전후 베이비부머인 680만 명의 단카이 세대(1947~1949년 출생)가 있다. 이들은 일본의 고도성장을 이끈 주역이자 거품 경제를 만들어 낸 세대이기도 하다. 그들은 자녀들을 다 출가시켰고, 자신의 집을 소유하고 있으며, 무엇보다 거품 경제 전에 이미 부를 축척했다. 영국 BBC가 "일본의 60세 이상 인구는 세계에서 가장 부유한 계층"이라고 보도할 정도로 이들은 풍족하다. 일본 산업계는 '2007년의 문제'라며 몇 년 전부터 이들 은퇴에 대비해 왔다.

게다가 일본의 경우 '고(高)연령자 고용안정법'에 따라 1994년 60세 정년을 의무화했다. 2004년 개정된 법안에는 정년을 65세까지 늘리거나 60세 퇴직 후 재입사 등의 방식으로 고용 기간을 연장했다. 이들은 은퇴 후에도 일본 시장 전체를 연결하는 허브 세대로 여겨질 정도로 막강한 영향력을 자랑한다.

우리나라의 베이비부머들도 은퇴를 한 후 미국과 일본의 베이비부머들이 그러했듯 화려한 노후 생활을 꿈꾸며 살아왔다. 골프와 해외여행도 즐기며 손자가 방문했을 때 용돈 정도는 줄 수 있는 노후를 꿈꾸었다. 그런데 숨 가쁜 걸음을 멈춰 보니 자신이 생각했던 노후와는 너무도 다른 현실이 기다리고 있다. 과연 우리나라 베이비부머들이 꿈꾸는 화려한 노후는 가능할까?

우울할 수밖에 없는
베이비부머

가끔 저녁에 친구들을 만날 때가 있다. 젊을 때와 달리 온통 집과 자식 교육 이야기뿐이다. 자식 교육에 최선을 다하고 있는 그들에게 재산이라곤 대부분 아파트 한 채가 전부다. 그들 뒷모습은 우울하다. 얼마 전까지만 해도 우리 경제의 주역이던 그들이 언제부터 이처럼 우울한 세대로 전락한 것일까? 아마 외환위기 이후부터일 것이다.

내 또래 세대는 뚜렷하게 양분된다. 외환위기 때 살아남은 사람과 그렇지 못한 사람. 살아남은 사람은 전화 통화 한 번 하기 힘들 정도로 바쁘게 살고 있고, 그렇지 못한 사람은 다소 무료하게 살고 있다. 양극화가 일어나고 있는 것이다. 그러나 살아남은 사람들조차 다가올 퇴직 앞에서 불안해 하고 있다. 다행히 금융자산이 많거나 유산이 있다면 모르지만, 만일 그렇지 않다면 능력과 실력에 비해 형편 없는 일자리를 찾아다닐 수밖에 없는 처지다.

과거 경제성장률이 높던 시절에는 환갑을 넘어 60대 중반까지도 일을 할 수 있었다. 하지만 요즘은 사회 흐름과 분위기로 판단해 본 결과 퇴직하는 시기는 55세 전후가 될 것이다. 특히 1차 직장의 경우 빠르면 '삼팔선'이요, 중간까지 버티면 '사오정'이고, 아무리 길어야 '오륙도'이다.

수익 확대를 제일의 목표로 하는 기업이 더 진취적이고 체력도 뒷받침되는 젊은 세대를 원하므로 이는 당연한 현상이다. 또한 사회가 디지털화되면서 마지막 아날로그 세대인 베이비부머들이 적응하지 못한 원인도 있다.

게다가 그들은 부모가 자신들에게 헌신한 것보다 더한 노력을 자식에게 기울였다. 그러나 그들 자식은 부양의무를 당연히 여긴 베이비부머들과 달리 부양의무로부터 자유롭다. 전통적 가족주의는 해체되고 핵가족화 내지 초핵가족화되면서 부양을 바랄 수 없게 된 것이다. '낀 세대'로서 이제 은퇴 길목에 서 있는 베이비부머는 우울하지 않을 수가 없다.

이 현상은 우리나라에서만 일어나는 것이 아니다. 독신주의가 발달한 프랑스의 경우 60세 이상의 노인들이 자식들과 사는 비율은 12.4퍼센트에 불과하다. 미국은 15.1퍼센트, 영국은 13퍼센트, 독일은 13.7퍼센트다.

그런데 문제는 55세 전후로 은퇴하여 적어도 80세까지 살아야 한다는 것이다. 무슨 돈으로 살아갈까? 베이비부머가 불안해 하는 원인은 대부분 이것이다.

실제로도 노후 소득으로 볼 때 중산층 계층이 엷어지면서 양극화 현상이 뚜렷하다. 최근 60세 이상 노인 가구주의 빈부 격차가 10년 동안 2배에서 6배로 벌어져 양극화 속도가 국민 전체 가구보다 더욱 빠른 것으로 나타났다. 국민연금공단 산하 국민연금연구원에 따르면 2006년 노인 가구주 하위 20퍼센트 소득은 70만 9,000원으로 줄어든 반면, 상위 20퍼센트 소득은 417만 6,000원으로 크게 올라 소득 격차가 5.9배에 달했다. 1996년 60세 이상 노인 가구주 하위 20퍼센트 월평균 가구 소득은 104만 원, 상위 20퍼센트는 210만 5,000원으로 2.02배 차이를 보였다. 즉, 60세 이상 노인 가구주 가구 소득 격차는 10년 동안 2배에서 약 6배로 크게 벌어진 셈이다. 같은 시기 우리나라 전체 가구 경상 소득 기준으로 상위 20퍼센트 평균 소득을 하위 20퍼센트 평균 소득으로 나눈 소득 5분위 배율이 1996년 4.21에서 2006년 6.82으로 벌어진 것보다 훨씬 빠른 속도다.

이들에게 최소 25년이 남은 노후가 그나마 우울하지 않은 '제2의 인생'이 되려면, 과거 급료의 절반만 지급받는 일도 마다하지 않고 받아들여야 할 것이다. 그렇다고 국가가 모든 것을 책임지지도 않을 것이다. 국민연금이라고 있지만 턱없이 부족한 데다가 퇴직금이라고 해야 '신의 직장'이라 불리는 몇몇 공기업과 은행, 그리고 대기업에나 국한된 이야기일 뿐, 대다수 베이비부머들에게 퇴직금은 다른 세상 이야기다. 개인연금이나 새롭게 시작된 퇴직연금 역시 젊은 세대들의 이야기일 뿐이다. 그러니 우울하지 않을 수 없다.

이것이 현재를 살아가는 40~50대 베이비부머, 즉 머잖아 신 고령층에 속할 이들의 절박한 하소연이다. 1980년대 경제 성장의 주역, 그들이 꿈꾸던 시니어 르네상스를 위해서는 금융자산이 최소한 몇억 원은 있어야 하는데 현실은 그렇지 못하다. 달랑 집 한 채가 전부라 집값이라도 떨어질까 봐 노심초사할 뿐이다.

한 민간 경제연구소에 따르면 은퇴 후 30년간 노부부가 살아가기 위해서는 저소득층은 약 5억 원가량, 중산층은 7억 원가량, 상류층은 13억이 넘는 돈이 있어야 한다. 물론 지역과 생활수준에 따라 차이를 많이 보이지만 그나마 질병이나 급작스런 사고가 없고, 자식에게 경제적 도움을 일절 주지 않는 경우를 가정한 것이다.

고소득 베이비부머들도 불안하다

『석세스 파트너』라는 잡지에 의하면 2007년 6월 연간 2억 원을 버는 이들의 경우에도 마음의 여유가 없었다. 소득 기준에 맞게 아파트도 대형이고 몰고 다니는 차 역시 대형이며 소비 수준도 높기 때문이다. 더군다나 주택담보대출을 이용해 집을 구입했는데 대형이다 보니 대출 금액이 커 이자 또한 수백만 원에 이르렀다. 고유가 시대에 대형차를 끌고 다니니 차량 유지비도 수십만 원이나 되고, 기본적인 식비나 외식비·여가 생활비·통신비 등 생활비만 수백만 원에 이르렀다. 특히 자식 사교육비에 월 수백만 원을 지불했다. 겉보기에는 매우 넉넉했지만 그들 역시 다른 투자는 엄두를 내지 못한다고 했다.

2007년 한국경영자총협회의 조사에 따르면 종업원 100명 이상 회사의 차장급인 40대 초·중반 샐러리맨들의 평균 월급은 연봉제일 경우 376만 8,000원이고, 그렇지 않은 경우 344만 1,000원이었다. 그러나 비슷한 시기 통계청이 발표한 2인 이상 도시 근로자 가구의 월평균 처분가능소득을 보면 이보다 훨씬 작은 300만 5,000원에 불과하다. 이렇게 버는 금액 중 소비지출인 222만 6,000원을 빼면 77만 9,000원이 남는다. 이 금액을 저축하거나 투자한다면 그나마 금융자산을 보유할 수 있겠지만 그렇지도 못한 현실이다. 여기서 생활비란 그야말로 기본 생활비인데 대출이자나 갑작스런 병, 각종 경조사비, 엄청난 사교육비 등을 제외하면 여유는 둘째 치고 오히려 담보로 대출을 더 받아야 하는 상황일 수도 있다. 실제 통계청 조사에서도 2007년 소득 상위 30퍼센트에 해당하는 고소득 가구 중 13퍼센트가량이 소득보다 더 지출한 바람에 적자에 허덕인 것으로 나타났다.

한국경영자총협회 조사나 통계청 조사에서 보았듯이 우리나라 베이비부머들은 미국이나 일본의 베이비부머들과는 현실적으로 많은 차이를 보인다. 이제 그들에게는 화려한 것은 두고라도 무난한 노후조차 불투명하다. 아무도 책임져 주지 않는 노후를 위해 실물 자산과 금융자산에 변화를 주고 싶어도 선뜻 용기를 내기 힘들다. 그래서 더욱 불안한 것이다.

04 2만 달러 시대에 대한 진실과 오해

1인당 국민소득 2만 달러 시대가 왔다. 국민소득 1만 달러에서 2만 달러 시대를 열기 전인 1995년~2006년동안 소비자물가는 46.3퍼센트, 소득은 2배 이상 증가했다. 물가 상승률보다 소득 증가율이 높으므로 우리는 참으로 풍족하고 행복한 시대에 살고 있어야 한다.

그런데도 생활환경이나 행복 지수는 1만 달러 시대보다 떨어지는 것으로 조사됐다. 2006년 영국의 신경제재단(NEF)이 발표한 '행복 지구 지수(Happy Planet Index)'를 보면, 한국의 행복 지수는 178개국 중 102위에 불과했다. 과연 소득이 증가한 만큼 행복도 늘어나는 것일까?

40대 초반 김 차장은 17년째 은행에서 근무하고 있는 우리나라의 대표적인 중산층이다. 7,500만 원이 조금 넘는 연봉을 받는 그는 목동의 40평대 아파트에서 아내와 함께 두 아이를 키우고 있다. 회사 업무 때문에 간간이 골프도 치며, 중형차를 타고 맛있는 음식점을 찾아다니는 미식가이기도 하다. 대한민국의 여느 가장과 마찬가지로 아이들 뒷바라지에 열성적이어서 사교육비도 아끼지 않는다. 이 정도 삶이면 김 차장은 자신 있게 중산층이라고 말해도 좋지 않을까? 하지만 그는 대한민국 중산층의 가슴을 서늘하게 만드는 이야기를 한다.

"아이들 교육하느라 무리해서 목동으로 이사를 했습니다. 은퇴를 하면 퇴직금과 연금만으로 살아야겠죠. 하지만 갚아야 할 아파트 대출금이 만만치 않네요. 한정된 수입에서 아이들 교육과 우리 부부의 노후 대책을 준비해야 할 텐데…… 금리는 계속 오르고, 머지않아 퇴직과 동시에 수직으로 추락할 수도 있겠다는 생각이 들더군요. 저는 중산층이 아닌 것 같습니다."

우리나라의 사교육비는 OECD 회원국 가운데 최고 수준으로, 다른 국가들에 비해 무려 4배나 높다. 통계적 분석에 따르면 사교육비가 10퍼센트 늘 때마다 저축은 0.2~0.4퍼센트 정도 감소한다. 이를 증명이라도 하듯, 우리나라의 저축률은 지난 10년 동안 4분의 1로 줄어든 반면, 스위스·독일·프랑스 등의 저축률은 지속적으로 상승했다. 그동안 낮은 저축률로 고통 받던 국가, 사교육비가 거의 없던 국가들의 저축률이 오히려 증가한 것이다. 과거 높은 저축률을 자랑했던 우리나라지만, 열성적인 교육열 탓에 투자는커녕 저축할 여유도 사라져 버렸다.

그나마 위로를 찾는다면, 아이들 교육 때문에 이사한 아파트 가격이 크게 상승했다는 것이다. 하지만 이마저도 은행 대출을 받지 않고 장만하는 경우는 거의 없어서 금리가 오르면 만만찮은 이자를 부담해야 한다. 1인당 국민소득 2만 달러 시대에 왜 이러한 현상이 일어나고 있는 것일까?

먼저 '1인당 국민소득 2만 달러'라는 말을 쉽게 설명해 보자. 환율을 2007년 말 수준인 달러당 935원으로 계산했을 경우, 3인 가구의 연소득은 5,600만 원, 4인 가구는 7,500만 원이라는 계산이 나온다. 하지만 통계청 조사에 따르면, 2007년 2분기 전국 2인 이상 가구의 월평균 소득은 309만 원으로, 연 소득으로 환산했을 때 3,700만 원에 불과했다. 문제는 이 조사가 '가장이 임금 소득자인 가구'가 대상이라는 것이다. 가장의 수입이 전부인 2인 이상 가구의 3,700만 원이라는 수치는 4인 가구가 벌어들이는 7,500만 원에 비하면 거의 절반 수준이라 할 수 있다.

이는 통계적 착시 현상 때문에 일어나는 문제다. 먼저 1인당 국민소득 계산법을 살펴보자. 1인당 국민소득이란, '명목 GDP(Nominal GDP)'를 연간 평균 환율로 나누고, 이를 다시 전체 인구로 나눈 값이다. 참고적으로 명목 GDP란 한 해 그 국가에서 각 경제주체들이 창출한 재화 및 서비스 부가가치의 총액을 말한다. 따라서 '실질

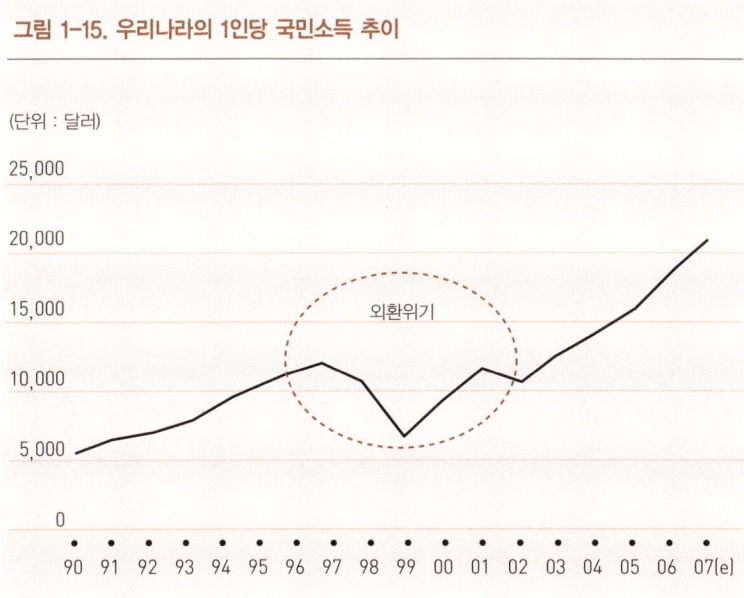

그림 1-15. 우리나라의 1인당 국민소득 추이

(단위 : 달러)

외환위기

자료 : 통계청

GDP(Real GDP)'가 증가하지 않더라도 물가 상승에 따라 명목 GDP
는 커지거나, 환율이 하락할 경우 1인당 국민소득은 늘어나게 된다.

　2007년 1인당 국민소득 2만 달러가 가능했던 것은 그동안 원/달
러 환율이 꾸준히 하락하고, 인구 증가세가 둔화됐기 때문으로밖에
달리 설명하기 어렵다. 다시 말해 1인당 국민소득 공식에서 분모가
작아졌다는 얘기다. 이런 이유 때문에 1인당 국민소득 2만 달러 시
대라지만 우리는 여전히 어려운 것이다. 지난 대선에서 "경제를 살
리겠다"는 슬로건이 가장 어필한 이유는 여기에 있다.

중산층의 조건

그렇다면 우리나라 중산층의 조건은 무엇일까? 흔히 10~15년의 직장 생활을 거쳐 30~40평대 아파트를 소유하고, 2,000cc 이상 중형급 차를 모는 사람들을 중산층이라 생각한다. 그런데 예전에는 이 같은 객관적 지표에 못 미쳐도 스스로를 '중산층'이라고 생각하는 이들이 많았다. 하지만 요즘은 객관적 지표에 부합해도 자신을 '서민층'으로 생각하는 경향이 강하다. 경제적인 불평등이 대물림되기 쉬워진 사회 환경이 인식의 변화를 불러온 것이다.

실제 외환위기 이후 양극화 현상이 심화되면서 중산층은 빠르게 줄어들었다. 당시 기술·사무·관리직 등 우리 사회의 중산층으로 볼 수 있는 직장인들에 대한 대대적인 구조조정이 단행됐다. 결과적으로 상당수 중간층 소득자의 비중이 줄었다. 결국 사회 전반적으로 언젠가 구조조정을 당할지 모른다는 위기감이 팽배해졌다. 위기감은 곧 미래에 대한 자신감 상실로 나타났다. 이런 상황에서 부동산 시장의 양극화는 중산층 의식을 무너뜨리는 결정적인 계기가 됐다. 외환위기 이전에는 서울 강북에 살거나 연립주택에 거주하더라도 상대적인 박탈감을 느끼지 않았고, 중산층이라는 자부심도 얼마든지 가질 수 있었다. 하지만 어느 지역에 사느냐에 따라, 사는 집이 아파트냐 연립주택이냐에 따라 집값에 엄청난 격차가 생기면서 상황이 바뀌고 말았다.

서울대 발전연구소와 동아일보가 '외환위기 후의 국민 의식'에 관한 조사를 한 바 있다. 외환위기 이후 지난 10년 사이 자산이 늘었다는 응답은 15퍼센트에 불과한데, 줄었다는 응답은 36퍼센트나 됐다. 회사 부도나 신용 불량을 당한 것은 물론 자산이 줄어든 사람들 중 많은 이들이 가족 해체를 경험했다. 스스로 중산층이라고 생각하는 국민도 10년 전 41퍼센트에서 28퍼센트로 감소했다.

상황이 이렇다 보니 적어도 "종합부동산세를 낼 정도는 돼야 중·상류층"이라고 말할 수 있지 않겠냐는 우스갯소리도 나오고 있다. 지역에 상관없이 '내 집' 하나만 있으면 경제적·심리적으로 든든하던 시대는 끝난 것이다. 이제는 같은 부동산이라도 '돈이 되는 부동산'을 소유하고 있어야 한다. 어쩌면 말 그대로 '기준시가 6억 원 이상 아파트'에 부과되는 종합부동산세가 중산층을 가늠하는 기준이 되는지도 모른다. 그래서 주택으로 재산을 불릴 수 있는 서울 강남이나 수도권 일부 지역의 자가 소유 가구가 새로운 중산층으로 자리 잡게 됐다는 분석도 나오고 있다.

새로운 중산층의 등장은 실제 중산층의 위기감을 가중시켰다. 2006년 통계청 의식 조사에 따르면 "자신의 노력으로 사회적 지위가 높아질 수 있다"고 생각하는 사람은 27.5퍼센트에 그친 반면, 절반에 가까운 46.7퍼센트는 "그럴 가능성이 없다"고 대답했다. 아무리 노력해도 "사회적·경제적 지위가 높아질 수 없다"는 좌절감이 팽배해지고 있는 것이다.

우리나라는 1인당 국민소득 2만 달러를 지나 3만 달러를 향해 질
주하고 있다. 지금과 마찬가지로 1인당 국민소득 3만 달러 시대에도
여전히 중산층은 존재할 것이다. 하지만 그 변화는 항상 승자와 패
자를 만들어 낸다.

진정한 승자가 되고 싶다면 다가올 부의 재편에 적극적으로 대처
해야 한다. 스스로 넋 놓고 앉아 있다가는 현재의 중산층에서 저소
득층으로 전락하게 될 것이다. '2만 달러 시대의 중산층'이 '3만 달
러 시대'에도 그 자리를 유지하고 싶다면 부의 뉴 패러다임에 귀를
기울이고 눈을 떠야만 한다.

SHIFT OF THE WEALTH

가진 자에게 몰리는
한국의 돈

"돈이 돈을 번다"는 말이 있다. 상품과 노동의 교환 수단이던 화폐가 어느새 그 자체로 상품이 된 것이다. 돈이 곧 사람이요, 돈이 곧 권력인 현실이다.

따라서 부모로부터 물려받은 부가 개인의 지위를 결정하기도 한다. 개인의 능력과 노력이 아니라 태어날 때 받은 부의 크기가 인생을 좌우하는 것이다.

1997년 한반도를 강타한 외환위기는 많은 가정을 길거리로 내몰만큼 우리에게 큰 충격을 주었다. 하지만 그것을 기회로 삼아 엄청난 부를 축적한 사람들도 많다. 채권을 저렴할 때 매입한 후 경제가 회복되어 가격이 오를 때 되팔거나 혹은 닷컴기업의 코스닥 증권을 매입하거나 혹은 강남 아파트나 재건축 아파트를 사서 큰 부자가 되었다.

여러 자료에 의하면 우리나라는 토지 소유자 중 최고 5퍼센트가 전국 민유지의 약 65퍼센트를 소유하고 있다. 몇몇 사람에게 토지가 집중되어 있는 것이다. 일반 서민들이 급등하는 전세값으로 전전긍긍할 때 이들은 막대한 지가 상승으로 가만히 앉아 부를 축적했다. 그리고 자신들만의 성을 만들어 계층 간 이동 자체를 차단하기 시작했다.

문제는 비싼 아파트를 선호하는 부자들의 성원에 힘입어 강남의 대형 아파트 가격은 크게 상승한 반면, 그들이 관심권 밖에 두고 있는 지역의 소형 아파트 가격은 요지부동이라는 것이다. 결국 이것이 부의 양극화를 더욱 심화시켰다.

통계청에 따른 2인 이상 도시 근로자 가구의 소득 5분위별 소득 분포 자료를 보면, 2007년 기준 상위 20퍼센트(5분위)의 소득이 하위 20퍼센트(1분위) 소득의 5.44배에 달했다. 2006년의 5.38배보다 높다. 소득 양극화 현상이 심화되면서 상당수의 저소득층 가구는 적자 생활을 면치 못하고 있다. 1분위는 완전 적자 생활을 하고 있으며, 2분위는 절반 정도가 적자 생활을 하고 있는 것으로 파악된다. 고소득층과 저소득층 간, 대기업과 중소기업 간, 수도권과 지방 긴 소득 격차는 점점 커지고 있다.

이러한 통계 역시 과소평가되었을 가능성이 크다. 상위층은 세금 문제로 소득을 실제보다 낮게 대답하는 경우가 많고, 통계 자체가 직업을 보유하고 있는 가계를 대상으로 했기 때문에 실제 소득분배 격차는 더 벌어져 있을 것이다.

부자가 더욱 부자가 되는 사회

우리나라에서 가진 자는 일반적으로 부동산이라는 실물 자산 가치가 증가해 부를 이룬 것이 보통이지만, 유명 포털 사이트나 과거 코스닥 거품 때 성공한 벤처기업인들 역시 급격한 부를 이룬 바 있다. 금융기관의 은행장이나 기업 임원으로서 거액의 스톡옵션을 받은 CEO나 고액 연봉을 받는 전문가들 모두 '가진 자'들이다.

외환위기 이후 국내 대기업이나 우량 중소기업은 구조조정을 통해 수익성이 크게 높아졌고, 재무구조도 빠르게 개선되었다. 기업의 부채비율은 과거 200~300퍼센트에서 100퍼센트 이하로 떨어진 반면, 자기자본 비율도 50퍼센트 이상으로 상승했다. 하지만 이들은 불확실한 투자 대신 안전한 현금, 자기주식(자사주), 기타 유가증권(주식과 채권 등) 보유를 늘리는 데 치중했고, 그 결과 보유한 유가증권의 가격이 올라 기업의 부는 더욱 증가되었다.

외국인에게도 집중되는 부도 눈여겨볼 필요가 있다. 국내 개인들이 주식시장을 외면한 것과는 달리, 외국인들의 국내 주식 취득은 외환위기 이후 급증하고 있다. 2004년 상반기 한때 44퍼센트를 상회하는 보유 지분율을 보이기도 했다. 하지만 지속적인 매각을 통하여 코스피 시장의 경우 2007년 말 현재 32퍼센트 수준으로 하락한 상태다. 이처럼 전체 외국인 유가증권시장 보유 지분율은 줄어들고 있지만, 외국인이 5퍼센트 이상 보유한 기업의 수는 2007년 3월 현재 유가증권시장의 경우 239개, 코스닥 시장의 경우 258개로 나타났다.

특히 외국인들은 국내 우량 기업과 은행 주식을 집중적으로 사들였는데, 증권거래소의 자료에 따르면 외국인들은 2006년 말 삼성그룹의 주식 47퍼센트, 우리나라 10대 그룹사 주식 39퍼센트를 보유하고 있다. 한국전력, POSCO, 현대자동차 등 우리나라 대표 기업들에 대한 외국인들의 지배력은 앞으로도 커질 것이다.

외국인들은 주식에서 만족하지 않고 본격적으로 국내 건물 인수에도 나서기 시작했다. 외환위기 직후는 론스타와 같은 투기성 자금이 단기간의 시세 차익을 노리고 하는 거래가 주를 이루었지만, 이제는 장기 투자로 돌아서고 있는 추세다.

2004년 한 해만 보더라도 독일계 투자은행인 도이치방크는 물론 미국계 투자회사인 GE 리얼에스테이트, 그 외에도 싱가포르 투자청 등이 금융 빌딩을 매수한 것으로 알려졌다. 이는 주로 임대 수입을 목적으로 하는 장기성 자금이다.

우리나라 사람들이 주택만 구입하는 것에 반해, 외국인들은 수익성을 창출하는 빌딩 매입에 집중하고 있다. 그리고 외국인들의 국내 부동산 구입은 앞으로 더욱 증가할 것이다.

이처럼 가진 자들의 자산이 무서운 이유는 더욱 큰 부를 창출하는데 있다. 이렇게 가다가는 10~20년 후의 우리 모습이 어찌 될지 그 누구도 장담할 수 없다. 부동산, 유가증권, 뮤추얼 펀드 등이 엄청난 수익을 내면서 가진 자들은 중산층은 감히 상상도 못할 자산을 축적할 것이다.

부와 교육의 동시 대물림

양극화 현상은 비단 금전 문제에만 한정되는 것이 아니다. 최근에 와서는 교육 문제와 맞물려 고질화되고 있다.

'볼보 효과(Volvo Effect)'라는 말이 있다. '볼보'라는 승용차는 한때 미국의 부유층을 상징하는 대명사로 사용됐다. 그런데 전혀 연관이 없을 것 같은 볼보 승용차와 미국 학생들의 학업 성적에 대한 흥미로운 연구 결과가 있었다. 그것은 바로 '볼보' 승용차를 소유한 집안의 학생들 성적이 그렇지 못한 학생들에 비해 월등하게 높다는 것이었다.

부를 가진 사람들이 양질의 교육을 바탕으로 또다시 부를 창출해 가고 있는 것이다. '부와 교육의 대물림'이라 할 수 있겠다. 물질적인 자산의 양극화뿐 아니라 교육의 양극화 역시 부의 이동을 단절하는 원인이다.

우리나라도 마찬가지다. 교육 정도에 따라 자산의 보유 현황도 달라진다. 2007년 발표된 통계청 자료에 따르면 학력이 높을수록 자산과 저축이 많은 것으로 나타났다.

대졸 이상 계층의 순자산 평균 보유 금액은 초졸 이하 계층의 2.6배 정도에 이르고, 대졸 이상 계층의 저축 총액 평균 보유 금액은 초졸 이하 계층의 3.1배로 나타났다. 부가 대물림 되듯 가난 역시 대물림되는 안타까운 현실이다. 눈여겨볼 것은 학력이 높을수록 부동산보다는 금융자산의 비율이 높다는 것이다.

이처럼 부가 교육과 맞물린 상태로 우리 사회는 돌아가고 있다. 부모의 월 소득이 600만 원이 넘는 학생은 다른 학생보다 명문대 진학률이 3배 높은 것으로 나타났다.

또한 아버지와 어머니가 대학원 이상 학력인 학생이 명문대 진학률이 5~8배 높은 것으로 나타났다. 한국교육개발원의 2007년 보고서에 따르면 부모의 직업과 지위에 따라 자녀의 명문대 진학률이 달랐다. 아버지 직업이 상위군일 경우 명문대 진학률은 평균 3.9퍼센트보다 4배 이상 높은 16.7퍼센트였다. 부모의 능력이 아이들 인생을 결정하는 것이다. 그래서 많은 사람들이 부자가 되기를 원하는지도 모르겠다.

과외를 받은 학생이 받지 않은 학생보다 성적이 높은 현실에서, 더 이상 "개천에서 용 난다"라는 속담이 통용되지 않을 정도로 부에 따른 교육 격차가 심각하다. 이런 현상은 앞으로 더욱 심화될 것이다. 부는 물론이요 교육과 문화의 양극화 현상이 대물림되는 지금, 무엇보다 시급한 것은 부의 흐름을 파악하고 현명하게 대처하는 것이다.

II

새로운 패러다임으로
건강한 부를 형성하라

1장

2010년 부의
새로운 패러다임

한국 부를 재편할 한미 FTA

한미 FTA(Free Trade Agreement, 자유무역협정)가 한반도에 미칠 영향에 대해 전 국민이 관심을 보이고 있다. FTA가 국가 경제에 미치는 긍정적인 영향이 작지 않지만, 야기할 문제점 또한 한두 가지가 아니다. 특히 농·축산 분야에서의 피해가 막대할 것 같다. 한국농촌경제연구원의 분석 자료에 따르면 국내 농업 생산은 최대 2조 원 가량 감소할 것으로 예상된다. 규모 면으로 비교해도 우리나라와 미국은 마치 다윗과 골리앗의 싸움과 같다. 게다가 생산비가 저렴한 농산물이 관세도 없이 수입될 터이니 가격경쟁조차 되지 않는다. 국내 농업의 생산 기반이 붕괴되리라는 주장에 힘이 쏠리는 이유가 여기에 있다.

미국은 과거 개발도상국과 FTA를 체결할 때 특히 관세 철폐에 초점을 맞추었다. 하지만 최근에는 그 방향을 바꾸기 시작했다. 즉, 무역 자유화 이외에도 금융·통신 등 서비스 시장의 개방, 투자의 자유화 등을 보장하는 쪽으로 FTA 협약을 맺고 있는 것이다.

미국은 단일국가 중에서는 세계에서 가장 큰 시장이다. 특히 수출로 먹고 사는 우리에게는 총 수출물량의 15퍼센트를 차지하는 매우 중요한 시장이기도 하다. 지금도 우리를 포함한 세계 각국의 기업들은 미국 시장에 진출하기 위해 치열한 경쟁을 펼치고 있다. 그래서 한미 FTA를 통한 관세 철폐는 우리나라 기업들이 다른 나라 기업들에 비해 물건을 더 싸게 팔 수 있다는 것을 의미한다.

우리는 이미 칠레와 자유무역협정을 맺은 바 있고, 곧 유럽연합(EU)과도 맺어야 할 상황이다. 또한 중국이나 일본, 인도 등과도 자유무역협정을 맺게 될 것이다. 한미 FTA는 앞으로 맺을 자유무역협정에서 우리가 어떤 자세를 취해야 하는지 판단하고 평가하는 자리가 될 것이다. 우리의 경쟁력은 무엇이고 취약점은 무엇인지 가늠해볼 자리이기도 하다. 그렇기 때문에 가격과 물량 면에서 우리가 취약한 분야에 더욱 관심을 가져야 하는 것이다. 어쨌든 FTA를 통해 각 산업의 격차는 더욱 커질 것이고 지난 외환위기 때처럼 부의 판도는 바뀔 것이다.

부의 흐름이 바뀐다는 말을 증명하기 위해 18세기 후반 영국의 경우를 예로 설명하겠다. 당시 영국인들의 주식(主食)은 '밀'이었다. 그런데 인구가 급격히 증가하자 밀의 수요도 급증했는데, 그 결과 밀을 생산하는 토지의 가격도 천정부지로 치솟았다. 이는 다시 밀 가격의 상승으로 이어졌는데, 영국 정부는 급등하는 밀 가격을 안정시키기 위해 유럽 대륙으로부터 '밀 수입의 자유화'를 단행했다.

수입 자유화를 통해 밀의 가격은 하락하기 시작했지만 이는 곧 토지 가격의 하락으로 이어졌다. 왜냐하면 '밀의 수입'이 유럽으로부터 밀을 생산하던 '땅을 수입'한 것과 같은 효과를 나타냈기 때문이다. 밀 수입 자유화 대가로 영국 정부는 유럽 대륙에 공산품을 자유롭게 수출할 수 있는 길을 열었다. 영국 전역에 공장이 들어섰고 생산은 활발해졌다. 그 결과 막대한 수입을 올린 제조업체들의 자금이 증시로 흘러 들어갔고 이는 금융시장에도 큰 변화를 몰고 왔다.

한편 농촌 사람들은 일자리를 찾아 하나둘 도시로 이주했다. 이는 급속한 도시화를 야기했고 도시와 농촌 사이에 심각한 양극화 현상까지 불렀다.

위기 아닌 기회

FTA로 말미암아 18세기 후반 영국에서 일어났던 일이 지금 우리에게도 일어나고 있다. 앞서 말한 바와 같이 FTA는 상대적으로 경쟁력이 취약한 농업 분야에 타격을 먼저 줄 수밖에 없다. 미국의 기계화·대형화 농업에 밀려 한국의 농·축산업은 결국 대대적인 구조조정에 들어갈 것이다. 그리고 생업을 포기한 농민들이 농토를 팔고 대거 도시로 몰려들 것이다. '반값 골프장'처럼 획기적인 용도 변경이 없는 한, 전답의 가치가 떨어지리라는 건 불 보듯 뻔한 일이기 때문이다. 농촌 이탈의 가속화와 농지와 임야의 매물 증가는 농촌과 도시 집값의 양극화를 더욱 심화시킬 것이다.

FTA는 말 그대로 두 국가가 서로 개방을 하는 것이다. 이는 시장이 확대되었음을 의미한다. 시장이 확대되면 국내 제조업이 활성화될 가능성이 커지며, 과거의 영국처럼 공업 강국으로 성장하게 될 것이다. 또 비싼 땅값과 규제를 피해 중국 등지로 나갔던 국내기업들도 복귀할 것이다. 이로써 내수 경기는 활발해지고 일자리 창출은 늘어날 것이다.

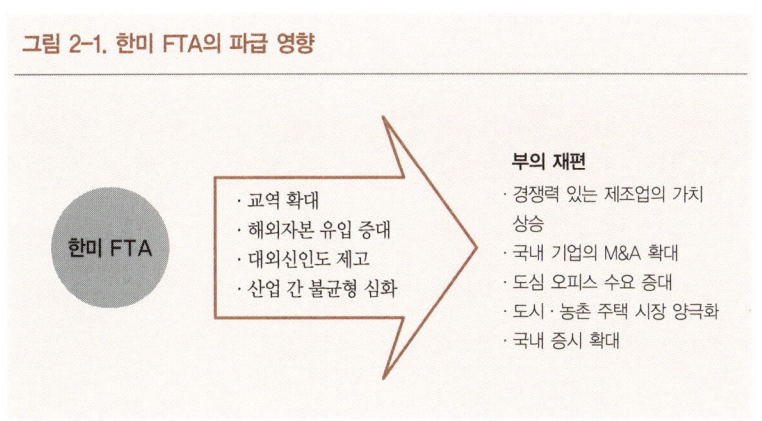

그림 2-1. 한미 FTA의 파급 영향

한미 FTA

· 교역 확대
· 해외자본 유입 증대
· 대외신인도 제고
· 산업 간 불균형 심화

부의 재편
· 경쟁력 있는 제조업의 가치 상승
· 국내 기업의 M&A 확대
· 도심 오피스 수요 증대
· 도시·농촌 주택 시장 양극화
· 국내 증시 확대

제조업이 활성화되면 18세기 영국처럼 공장 용지의 수요가 증가할 수밖에 없다. 파주 LCD 산업단지처럼 농토의 용도 변경이 수월하다면, 외국인의 대규모 투자도 활발하게 이루어질 것이다. 우리나라로 외국자본이 들어오면 자연히 외국인들의 국내 거주가 증가한다. 이는 오피스와 주택에 대한 수요 증가를 의미하고 도심권의 오피스 가격의 상승을 이끌 것이다. 외국자본의 유입은 국가 신용도의 상승을 유도하고 리스크를 감소시키는 역할도 한다. 여기에다 북한의 핵 문제까지 해결된다면 우리나라의 리스크는 선진국 수준과 거의 다를 바 없게 될 것이다.

이러한 변화는 국내 증시 투자를 확대시키고 증시 활황을 유도할 것이다. 특히 경쟁력 있는 제조업의 주가부터 크게 상승하리라 예상된다. 수익성이 높아진 제조업체들은 새롭게 상장을 시도할 것이고, 국내 기업에 대한 M&A(인수합병)도 빈번하게 이루어질 것이다. 뿐만 아니라 한미 FTA의 핵심 중 하나인 서비스업의 개방이 이루어지면 미국 자본이 한국 금융산업·지식산업 등에 활발히 진출할 것으로 예상된다. 이는 대한민국 주식시장을 튼튼하게 만드는 데 일조할 것이다.

한미 FTA는 국가와 개인 모두에게 '위험'이 아닌 '기회'일 가능성이 높다. 왜냐하면 FTA에서 비교 우위에 있는 산업이나 기업들은 막대한 수익을 창출할 것이기 때문이다. 문제는 그 수익을 국가적인 차원에서 어떻게 활용하는가 하는 것이다.

1990년대 디지털 혁명이 일어났을 당시, 닷컴기업의 미래를 예상하지 못한 사람들이 많았다. 마이크로소프트나 구글, 야후 등이 세계적 기업으로 발돋움하리라 미처 생각하지 못한 것이다. 하지만 재빨리 닷컴기업에 주목한 개인과 회사들은 막대한 부를 창출했다. 예컨대 마이크로소프트 사는 최고의 기업 가운데 하나가 되었고, 빌 게이츠는 최고의 갑부가 되지 않았던가.

위기는 곧 기회다. 기회를 놓치지 않고 앞으로 전개될 변화를 잘 읽고 대처하는 사람만이 새로운 부를 창출할 것이다.

글로벌 개방경제와 FTA

자원과 토지가 부족한 한국으로서는 공업화와 무역을 통해서만 경제 성장이 가능하다. 따라서 경제의 해외 의존도가 매우 높은 편이다. 2001년~2005년 우리나라의 수출 의존도는 33.2퍼센트, 무역 의존도는 63.8퍼센트이며 점점 무역에 대한 의존도가 더욱 높아지고 있다. 이에 따라 우리나라는 각국과 다양한 무역협정을 체결하면서 개방화에 노력하고 있다.

일반적으로 무역협정에는 크게 WTO에 의한 다자간무역협정과 지역무역협정(Regional Trade Agreement; RTA) 등이 있다. RTA는 협상 대상 수와 시장 통합 정도에 따라 경제통합, 공동시장, 관세동맹, FTA 등으로 구분된다. 이 중 FTA는 둘 이상의 국가 간에 물자나 서비스 이동의 장벽을 완화하거나 철폐하여, 양국 간 또는 지역 간에 무역자유화를 지향하는 특혜 무역협정을 의미한다.

1995년 WTO가 출범한 이후 각국의 이해관계가 첨예하게 대립한 결과, 우루과이라운드(UR), 도하개발아젠다(DDA) 등이 별 진전을 보이지 못했다. 이에 대한 대안으로 FTA를 통한 특정 국가 간 자유무역협정이 크게 활성화되고 있는 것이 오늘날의 현실이다. 1990년 초 27건에 불과했던 FTA가 2005년 말 현재 186건으로 급증하면서,

지역무역협정(RTA)의 종류	
자유무역협정 (FTA)	회원국 간 관세 철폐를 중심으로 하는 자유무역협정(EFTA, NAFTA 등) 가장 느슨한 형태의 RTA의 일종이며, RTA의 대다수를 차지하고 있다
관세동맹 (Customs Union)	회원국 간 자유무역 외에도 역외국에 대해 공동 관세율을 적용 (MERCOSUR, 베네룩스 관세동맹 등)
공동시장 (Common Market)	관세동맹에 추가해서 회원국 간에 생산요소의 자유로운 이동이 가능 (EEC, CACM, CCM, ANCOM 등)
완전경제통합 (Single Market)	단일 통화, 회원국의 공동 의회 설치와 같은 정치·경제적 통합(EU)

이제는 FTA가 세계 무역협정에서 보편적인 추세가 되었다. 한때 FTA에 소극적이던 미국과 일본 등도 경제통합을 실현한 EU에 대항하기 위해 적극적으로 FTA 체결에 나서고 있다.

최근에는 개도국들도 FTA 정책을 활발히 추진하고 있다. FTA 적용 범위가 과거에는 주로 공산품 분야의 관세 인하나 철폐 등이었지만, 이제는 공산품뿐만 아니라 농산물·서비스·투자·지적재산권·정부조달·경제정책 등으로 확대되고 있다.

한편 우리나라는 오랫동안 WTO를 중심으로 하는 다자무역체제의 우월성을 지지했고, 지역주의는 다자무역체제에 부합해야 한다는 입장을 견지해 왔다. 지역주의가 새로운 무역 장벽으로 작용할지 모른다고 우려하여, 1996년 WTO 싱가포르 각료 회의 등 각종 국제회의에서 주도적 역할을 하기도 했다. 당시 WTO 회원국 중 FTA 미체결 국가는 한국을 포함하여 6개국(한국, 중국, 마카오, 대만, 홍콩, 몽골)에 불과했다. 하지만 우리나라도 결국 글로벌 추세에 동참하고 지역주의의 확산·심화 현상에 효과적으로 대응하기 위해 FTA에 참여하는 방향으로 입장을 선회했다.

우리나라는 2004년 4월 칠레와 처음으로 FTA 협상을 타결한 이후, EFTA(유럽자유연합, 2005년 12월), ASEAN(동남아국가연합, 2005년 12월), 싱가포르(2006년 3월) 등과 FTA를 체결했다. 이들 나라와의 FTA는 이미 발효 상태에 있다. 미국(2007년 6월)과는 협상이 체결되어 현재 발효 시점을 기다리고 있다. 그리고 EU, 캐나다, 멕시코, 인도, 일본 등과도 협상을 진행하고 있으며, 여기에 중국과 Mercosur(남미 공동시장)와의 협상도 검토하고 있다.

초과 공급이 예상되는 중대형 아파트

우리나라 사람들은 소형차보다는 중형차, 소형 평수보다는 중대형 평수의 아파트를 선호한다. 이는 1970년대까지만 해도 삼대가 한 집에 살다 보니 당연했겠지만, 국민소득이 증가하고 전통적인 가족제도가 붕괴한 요즘에도 별로 변하지 않았다.

그동안 우리나라의 주택정책은 수도권 지역을 중심으로 해서 지속적으로 공급을 확대하는 것이었다. 2002년 발표한 정부의 '장기 주택 공급 계획'을 보면, 2003년~2012년까지 매년 50만 가구씩 해서 총 500만 가구의 주택이 공급될 예정이다. '주택 건설 실적 추이'를 살펴보면 1990년대 이후 매년 55만 가구씩 공급되고 있음을 알 수 있다. 2006년 46만 가구로 다소 감소했으나 앞으로도 상당 기간 50만 가구 수준의 공급이 이루어질 것으로 보인다.

한편 정부의 강력한 재건축 규제 정책으로 수도권에서의 중대형 아파트 공급이 한동안 줄기도 했지만, 앞으로는 각종 신도시 개발로 인하여 중대형 아파트 공급이 다시 증가할 것이다. 예컨대 판교를 포함해 수도권 일곱 군데 신도시에 중대형 아파트 공급이 당초보다 확대될 예정이다. 이런 추세는 지방의 부동산 시장도 예외는 아니어서 지방 역시 중대형 아파트 공급이 늘어나고 있다.

그런데 최근 지방의 중대형 아파트 상당수가 미분양되어 지방 건설업체와 부동산 시장이 된서리를 맞고 있다. 이런 현상은 더욱 심화될 것으로 보인다. 도대체 무슨 이유로 중대형 아파트가 미분양되는 것일까?

먼저 중대형 아파트 구입 수요가 점차 줄고 있기 때문이다. 각종 부동산 규제와 세금 때문에 중대형 아파트의 매력이 감소된 것이다. '오를 대로 오른 가격'도 문제지만 '부동산이 더 이상 안전 자산에 속하지 않음'을 깨달은 사람들의 인식 변화도 한몫했다. 게다가 장기화된 경기 침체로 중산층의 주택 구입 능력도 감소하고 있다.

소득의 양극화 현상은 주택 시장도 예외가 아니어서 소위 상위 계층이라 불리는 사람들은 이미 집을 다 가지고 있다. 부동산 경기가 좋지 않고 세금 규제 때문에 재테크 수단으로서 메리트도 갈수록 사라지고 있다.

그리고 중대형 아파트를 선호하던 패러다임에서 점차 벗어나고 있는 것도 주요 원인이다. 불과 15년 전만 해도 한 아파트에서 삼대가 함께 생활하는 모습은 익숙했다. 하지만 지금은 핵가족이 주를 이루고 있다. 게다가 고령화로 노인 부부와 독거노인이 증가하는 등 현재 개인들은 과거와 다른 양상의 환경에 직면하고 있다. 여기에는 생활비는커녕 의료비조차 조달하지 못하는 사람들이 포함되어 있다.

이러한 현상이 지속되면 사람들은 위험관리를 하게 된다. 따라서 소득에 비해 관리비가 많이 들어가는 중대형 아파트보다는 소형 아파트를 선호하는 것이다. 고유가, 관리비 급등, 높은 이혼율, 만혼 증가, 독신주의 확대 등도 중소형 아파트에 대한 선호를 증가시키는 요인으로 작용하고 있다.

절대 감소하는 중대형 가구

무엇보다 중요한 것은 인구 증가율 둔화에 따른 가구 수의 변화다. 가구 수는 주택 수요를 파악하는 데 매우 중요한 자료이기 때문이다. 통계청에서 5년마다 실시하는 '인구 총 조사' 결과를 살펴보면, 2005년 이후 인구 증가율이 크게 둔화되었음을 알 수 있다. 또한 가구 증가율 역시 급격히 떨어지는 것으로 나타났다.

2002년 7월, 통계청은 가구 증가율에 대해 흥미로운 통계를 내놓았다. 즉, 2000년~2020년까지 '가구 추계' 자료인데, 이는 인구 증가율과 경제성장률뿐만 아니라 사회구조 변화 등 가구에 영향을 주는 모든 변수를 고려하여 작성된 것이다. 자료에 의하면 우리나라 가구 수는 2000년~2020년까지 350만이나 증가하지만, 증가율은 해마다 둔화되는 것으로 나타났다. 특히 2005년~2020년 사이에 연평균 14만 5,000가구가 증가하지만, 가구 증가율은 연평균 약 0.9퍼센트에 그치는 것으로 예상되었다.

이 자료를 기초로 해서 가족 구성원 수와 아파트 크기의 상관관계에 대해 조사한 적이 있다. 먼저 삼대가 모여 사는 가구는 중대형 가구로, 부부(편부모 포함)와 자식으로 이루어진 가구 및 독신 가구는 소형 가구로 분류했다. 중대형 아파트는 과거 실평수 개념을 도입하여 84.8제곱미터(25.7평형)에 방이 3개 있는 아파트를 기준으로 삼았다. 위의 2007년 통계청 자료도 이와 마찬가지다.

그림에서 보듯이 소형 가구는 2000년 이후 단 한 번의 하락세도 없이 꾸준히 증가율을 보이고 있다. 하지만 중대형 가구는 2010년을 정점으로 해서 하락세를 나타낸다. 상식적으로 생각해 보자. 우리나라 중대형 아파트 공급의 중심에는 베이비부머 세대들이 있다. 현재 이들에게는 한창 성장하는 자녀들이 있으므로 당연히 중대형 아파트를 선호할 수밖에 없다. 하지만 그 자녀들이 독립하거나 결혼하게 되면 더 이상 중대형 아파트를 고집할 이유가 없다. 따라서 신혼살림을 시작했던 중소형 아파트로 다시 돌아갈 가능성이 높다.

이는 추정치라고는 하지만 놀라운 결과가 아닐 수 없다. 사회구조

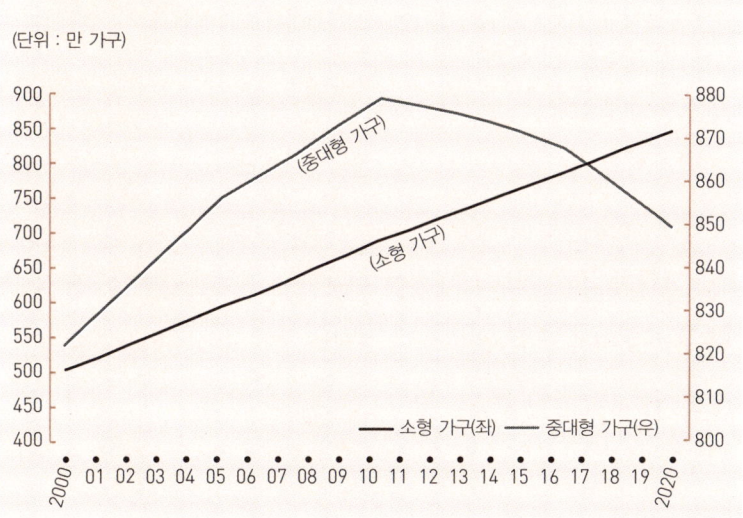

그림 2-2. 장래 가구 추계

(단위 : 만 가구)

소형 가구(좌) — 중대형 가구(우)

자료 : 통계청

변화, 인구 추이 등 모든 것을 고려하여 내놓은 자료이므로 앞으로 부동산 시장에 큰 변화가 있으리라 본다. 2007년에도 통계청에서 비슷한 내용의 통계를 발표한 적이 있었다.

또한 계획대로라면 2010년을 기점으로 국토의 균형 발전 명목으로 정부기관과 공기업들이 지방으로 이전한다. 전국이 일일생활권이라고는 하지만 교통비 부담과 출퇴근 거리 때문에 많은 직장인들이 거주지를 옮기게 될 것이다. 형편상 가족 전체가 움직이기 어렵다면 주말 가족이 될 수도 있다. 이 역시 중대형 가구에서 소형 가구로 중심이 옮겨가는 것을 의미한다. 이와 같이 서울 및 수도권 인구가 지방으로 분산되면 이곳의 중대형 주택에 대한 수요는 현격히 떨어질 것이다.

그렇다면 얼마 전 수도권 지역의 중대형 아파트 가격이 크게 오른 것은 어떻게 설명할 것인가? 이는 몇 년 전부터 수도권 지역에 중대형 아파트의 공급이 줄어든 탓도 있고, 아파트 가격의 급등에 사람들이 투자를 늘린 결과일 수도 있다. 아무튼 중요한 것은 핵가족화·고령화 등 사회구조 변화에 대처하는 적절한 주택정책이 요구된다는 점이다. 또한 공급 확대 정책에서 벗어나 이제는 주택 수요자의 '삶의 질'을 향상하는 방향으로 정책을 펼칠 필요도 있다.

국토 균형 발전
반드시 부의 원천은 아니다

03

우리나라 가계는 대개 부동산을 통해 부를 축적했다. 즉, 재개발·재건축 아파트, 신도시 개발 등에 따른 시세 차익으로 부를 이룬 것이다. 그러다 보니 어느 지역이 개발 예정이라고 하면 예외 없이 주변 땅값까지 급등했다.

2000년대로 들어서자 급등했던 주택 가격이 정부 규제로 잠시 주춤하는 듯했다. 하지만 행정수도 이전 등 각종 국가정책 사업과 개발 사업 등이 추진되자 가격이 다시 상승하기 시작했다. 시중의 부동 자금이 규제가 적고 투자 재료가 있는 토지 시장으로 유입되면서 가격이 외환위기 이전 수준으로 회복된 것이다. 여기에다 고속철도 개통과 수도권 미니 신도시 개발 등에 따른 발전 기대감도 토지 가격 상승에 한몫했다.

수도권 신도시 개발 역시 땅값을 상승시켰다. 시범 단지 입주가 시작된 동탄 신도시의 경우 최초 분양가로부터 수백만 원이나 올랐고, 검단과 파주 신도시 또한 개발이 발표된 이후 매물로 나와 있던 땅이나 주택이 자취를 감추었다. 정부가 부동산 투기를 억제하기 위해 강력한 정책을 내놓고 있지만 아직은 역부족으로 보인다.

현재 우리나라는 국토 균형 개발을 위해서 행정중심복합도시(행복도시, 세종도시), 공기업 이전과 관련한 10개 혁신도시, 경제자유구역 개발 3곳 등, 전국적으로 총 20여 건의 정부 주도 대규모 개발 사업이 진행되거나 계획 중에 있다. 뿐만 아니라 민간이 주도하는 대규모 개발 사업도 추진되고 있는데, '기업도시'가 그 대표적인 예다. 전남 무안을 비롯해 충주, 무주, 해남, 태안 등에 최소 100만 평에서 최대 1,000만 평에 이르는 지역을 개발하는 사업이다. 이 역시 토지 가격을 상승시키는 중요한 역할을 하고 있다.

판교 신도시 개발은 부동산 투기를 억제하겠다는 정부의 뜻이 담겨 있는 개발이다. 즉, 강남권 주변에 공급을 늘리고 분산시키면 강남권 주택 가격이 안정을 찾으리라고 예상한 것이다. 그런데 정부의 의도와는 반대로 토지 가격은 크게 상승했다. 결국 판교 신도시 개발은 결과적으로 정부의 대응 능력이 아직은 역부족이라는 결론만 얻었다.

서울 한복판이라고 해서 예외는 아니다. 예컨대 1억 원 남짓하던 다세대주택 가격이 뉴타운 개발 발표가 나자 2배나 올랐다. 주택 가

격 상승보다 더 심각한 건 토지 가격 상승이다. 특히 한남 뉴타운 개
발 및 미군 부대 이전과 관련된 지역은 토지 가격이 급등하는 양상
을 보였다.

　2001년부터 2007년 말까지 토지 가격은 전국적으로 33.2퍼센트,
서울은 53.2퍼센트, 경기도는 44.8퍼센트, 충남은 38.5퍼센트 상승
했다. 물론 특정 지역은 이보다 몇 배 이상 급등하기도 했다. 그러나
국토 개발은 개발지의 땅값 상승에 그치지 않았다.

　수도권의 성남, 판교, 동탄 등 신도시와 지방의 신도시 예정지는
택지개발지구로 수용되면서 대규모로 보상이 이루어졌다. 그런데

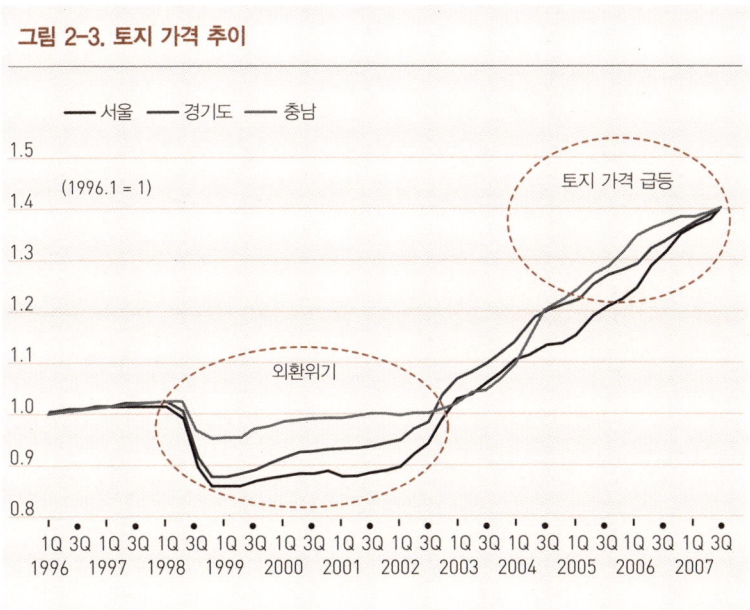

그림 2-3. 토지 가격 추이

자료 : 한국토지공사

개발이 되면 인근 땅값이 상승하리라고 예상한 지주들이 인근 토지를 재매입하는 상황이 벌어졌다.

이들 대부분은 인접 지역에서 대토(代土) 및 다른 부동산을 가족 명의로 구입했다. 현금과 달리 대토는 세금 감면 혜택을 주기 때문이다. 토지 보상비를 받게 될 현지인들은 세금을 감면 받을 요량으로, 현금 보상 대신 인근 지역의 대토 매입을 선호한 것이 사실이다. 이러다 보니 개발 예정 지역은 토지 가격이 천정부지로 상승했다. 개발 호재 지역의 토지 가격이 80퍼센트 이상 급등하면서 주택 가격도 덩달아 급등했다.

국토 균형 개발 절실하지만 신중하게 추진해야

한국은행의 지역별 총생산 통계에 따르면, 2002년 전국 대비 지역별 총생산 비중이 수도권에 집중되어 거의 절반에 육박한다. 2005년 우리나라 전체 인구 4,800만 명 중 수도권 인구는 2,300만 명으로, 절반 가까이가 수도권에 살고 있다. 이러한 추세는 갈수록 더 심해질 것으로 전망된다. 프랑스의 미래학자 쟈크 아탈리는 2010년 이후 세계적으로 인구가 많은 12대 도시 중 하나로 서울을 꼽았다. 이에 따라 물류비, 공장 및 사무실 땅값, 근로자 주거비 등의 부담이 더욱 늘어나면서 인구의 도시 집중에 따른 효율성은 점차 사라지고 있다.

국토는 분명 효율적이고 균형적으로 개발되어야 한다. 특히 국토가 협소하고 자원이 부족한 우리에게 국토의 효율적 이용은 생존과 직결되는 문제이다. 국토를 효율적으로 이용하지 못할 경우 생기는 문제들, 예컨대 난개발이나 중단된 개발 등은 우리의 후손들에게 큰 짐이 된다. 따라서 국토의 균형적인 개발은 유한한 국토의 한계를 넓힌다는 의미 이외에도 후손들에게 큰 짐을 남기지 않아야 한다는 의미도 포함한다.

우리나라는 1970년대부터 국토를 종합적인 시각에서 관리하고자 국토종합개발계획을 수립하고 추진해 왔다. 박정희 정권 시절에는 경부선을 축으로 개발을 추진하면서 물류의 혁명이라는 긍정적인 효과도 얻었지만, 개발 여파로 인한 부동산 가격의 폭등도 경험했다. 그리고 1980년대 후반 이후로는 수도권 집중을 억제하는 정책을 전개했다. 그러나 서울 주변에 개발된 신도시들이 오히려 전국 아파트 값을 끌어올리는 부작용을 낳았다.

김대중 정부 때에는 남북 연계 개발과 30년 동안 개발에서 소외된 충청, 전라, 강원, 제주 등에 대한 균형 개발 정책이 추진되었다. 이 과정에서도 거액의 보상을 받은 지주들이 다시 토지를 매입하는 현상이 나타났다. 그 결과 도시지역의 땅값은 IMF 이전 수준으로 회복되었고 일부 지역은 폭등세를 보였다.

하지만 앞으로는 국토 균형 개발이라고 해서 과거와 같은 무조건적인 부의 이동은 생겨나지 않을 것이다. 그동안 인구 증가, 고도 경제성장, 제조업 위주의 산업 환경 속에서는 국토 균형 개발에 따라 당연히 부가 이동되었다. 그러나 인구 증가율 및 경제성장률이 둔화되고 산업의 서비스화·디지털화가 이루어지는 상황에서, 국토 균형 개발이 무조건적인 부의 원천이라고 말할 수 없다. 즉, 획일화된 부의 이동 공식이 깨지고 있다는 의미다. 앞으로 국토 균형 개발도 경제적 타당성, 인구 변화 등을 고려해야 성공하는 시대가 될 것이다.

해마다 각 지역에서는 경제를 살리기 위해 다양한 축제를 연다. 하지만 모든 축제가 성공하는 건 아니다. 마찬가지로 국토 균형 개발에 따른 각 지역의 발전 또한 모두 성공한다는 보장이 없다. 실패한 국토 균형 개발이 되지 않기 위해서는 지역별 특성, 잠재력 개발, 부동산 정책 등을 면밀히 고려해야 할 것이다.

강남의 경쟁력

모 기업의 촉망 받는 팀장급 사원인 A씨. 지난 2000년대 초반 그는 결혼하면서 강남에 아파트를 장만했다. 은행에서 1억 원을 융자 받고 6,000만 원은 가까운 지인과 친척에게 빚을 냈다. 그런데 그에게 믿을 수 없는 일이 일어났다. 그가 소유한 아파트의 가격이 7억 원으로 오른 것이다. 그런데 아파트 가격이 오른 걸로 끝나지 않았다.

아파트 보유세가 발목을 잡은 것이다. A씨가 내야 할 재산세를 포함한 종합부동산세는 700만 원 정도다. 매년 오르는 세율을 고려하면 결국 해마다 최소 700만 원 정도를 내야 한다는 말이다. 엎친 데 덮친 격으로 저금리로 일관하던 정부 정책이 고금리로 바뀌면서 대출이자도 불어나기 시작했다. 그는 보유세와 대출이자를 견디지 못하고 결국 강남의 아파트를 팔고 저렴한 아파트를 구해 이사했다.

아파트가 전 재산이라고 해도 과언이 아닌 A씨. 그는 결국 살던 아파트를 정리한 대가로 얼마간의 현찰을 손에 쥐게 되었다. 그리고 그가 살던 아파트에는 종합부동산세, 대출이자, 양도세 따위는 걱정하지 않아도 되는 사람이 자리를 잡았다.

그런데 A씨는 여전히 '강남 아파트 재입성'을 꿈꾸고 있다. 다른 지역의 아파트 값은 떨어져도 강남은 건재할 것이라는 확고한 믿음이 있기 때문이다.

강남 부유층 아파트의 대명사인 타워팰리스를 살펴보자. 분양 당시부터 말이 많았던 타워팰리스는 그 이름값에 걸맞게 입주자 선정 과정 또한 까다로웠다. 시공사는 다수를 대상으로 하기보다는 삼성 계열사의 고객 데이터베이스를 이용해 '소수를 위한 맞춤' 전략을 시도했다. 자신들의 기준과 해당 조건에 맞는 고객들에게 분양 안내문과 초청장을 보내는 방법으로 분양을 실시한 것이다. 돈만 있으면 입주가 가능한 여타 강남 아파트와 달리 차별화·고급화를 시도해 강남 재력가들 가운데서도 '소수의 특별한 사람들'을 선택했다. 소비자들 역시 그들의 분양 방식에 큰 매력을 느꼈다. '소수의 특별한 사람들', 바로 그 '특별함'을 원한 것이다.

물론 타워팰리스는 극단적인 예지만, 강남 아파트 가격이 비정상적으로 높다는 것은 누구나 다 아는 사실이다. 정부는 강남의 아파트 값을 잡기 위해 세금 부과와 재건축 규제 등 많은 정책을 펼쳤다.

하지만 이런 정책으로 인해 피해를 본 사람들은 '집 한 채'가 재산의 전부인 A씨 같은 개인뿐이다.

안타깝게도 이런 현실이 적극적으로 드러나기 시작한 건 외환위기 이후부터였다. 1997년 외환위기 이후 강남권의 주택 수요가 급증하기 시작했다. 외환위기로 저소득층이나 중산층은 위기에 몰린 반면, 오히려 더욱 더 부자가 된 사람들도 많았다. 즉, '빈익빈 부익부' 현상이 갈수록 심해진 것이다. 개방과 규제 완화가 빠르게 진전되면서 우리 경제 시스템에 철저히 자본주의 시장 논리가 적용되고, 사회 시스템도 빠르게 디지털화되면서 이에 적응할 수 있는 사람과 그렇지 못한 사람과의 차이는 갈수록 커지고 있다. 뿐만 아니라 자산의 가격이 급등하면서 그 가치를 적절하게 이용한 사람들과 그렇지 못한 사람들과의 부의 격차는 더욱 뚜렷해지고 있다.

외환위기 이후 등장한 신 부유층들은 계속해서 강남권으로 진입했다. 그들이 강남으로 몰리는 이유는 간단했다. 타 지역보다 학군이 좋은 데다 문화 환경과 생활 여건의 질이 월등히 높기 때문이다.

주택이 의식주를 해결하는 일차원적인 공간 개념에서 벗어난 지는 오래다. "사는 곳이 당신을 말해 준다"는 어느 아파트 광고의 카피처럼, 지금의 주택은 인간관계를 맺기 위한 전초기지인 동시에 사회적 위치를 말해 주는 장이기도 하다. 말하자면 거주지를 정하려면 먼저 주변 환경부터 살펴야 한다는 뜻이다.

강남의 경쟁력은 한동안 유지될 것이다

전국의 아파트 가격을 좌지우지할 정도로 영향을 미치는 강남의 경쟁력은 도대체 어디에서 비롯되는 것인가?

우선 교육 환경만 보더라도 강남은 다른 지역과 큰 차이를 보인다. 서울 시내 고등학교의 2006년도 서울대 진학률을 살펴보자. 강남구는 1,000명당 25.4명, 서초구는 23.5명, 송파구는 13.2명인 반면 중랑구는 3.7명, 마포구는 2.8명에 불과하다.

인프라 역시 마찬가지다. 강남권의 올림픽도로는 나들목이 많아 편리한 반면, 강북권의 강변북로는 나들목이 적어 불편하다. 한강 둔치 연결 통로 역시 강남에는 55곳이나 되는 반면, 강북은 36곳에 불과하다. 한강 시민공원은 강남이 8곳이지만, 강북은 4곳에 그친다. 인라인 스케이트 전용 도로가 있을 정도로 도로포장이 잘되어 있는 강남과 달리 강북은 오히려 비포장도로가 많은 것이 현실이다.

그러면 2000년 이후 강남의 주택 가격이 급등한 배경은 무엇인가? 먼저 강남의 교육 인프라에 매력을 느낀 중산층이 자녀교육을 위해 강남으로 진입한 사실부터 지적할 수 있다. 또한 강남의 아파트가 훌륭한 재테크 수단으로 인식되면서 강남은 더욱 부각되었다. 여기에는 시중의 풍부한 자금과 저금리 기조가 일조를 했다. 당시 주택담보대출의 연이율은 4~5퍼센트 정도로, 1억 원을 빌리면 매월 이자 33~42만 원만 갚으면 됐다. 이러한 낮은 이자는 사람들에게 '공짜 돈'이라는 인식을 심어 주어 무조건적인 대출을 유도했다. 나아가 대출금으로 집을 산 뒤 그 차익으로 빚을 갚고 돈을 벌겠다는 투기 수요도 급증했다.

수급의 불균형 역시 강남 아파트 가격을 상승시키는 원인이 되었다. 강남 아파트에 재건축 규제가 강화되고 양도세가 무겁게 부과되자 아파트를 팔지 않고 보유하려는 사람들이 늘어났다. 당연히 아파트 공급은 줄어들었다. 정부는 공급을 규제하면 아파트 가격을 잡을 수 있으리라 생각했지만, 수요가 줄지 않은 상태에서는 규제가 오히려 아파트 가격을 올릴 뿐이었다.

강남은 분명 살기에 편하고 교육 환경이 뛰어날 뿐 아니라 자산 가치도 충분히 보전되는 곳이다. 강남은 다른 지역과 비교했을 때 분명 여러 가지 경쟁력을 가지고 있다. 강남은 앞으로도 상당한 기간 동안 독자성과 경쟁력을 유지할 것이다. 하지만 부동산 가격이 급락할 경우 언제든지 큰 폭으로 하락할 가능성 또한 높다는 사실도 잊어서는 안 된다.

1980년대 말, 일본 도쿄 중심지의 아파트가 당시 시세로 평당 200만 엔(약 2,000만 원)까지 치솟은 적이 있었다. 88서울올림픽 직후 강남의 제일 비싼 아파트가 평당 200만 원 정도였으니 우리나라 아파트의 약 10배 수준에 이르는 가격이었다. 그러나 '토지 불패' 신화가 붕괴되면서 도쿄 중심지의 아파트 역시 급락하는 운명을 맞이했다.

1990년대 이후 일본의 부동산 가격은 한마디로 대폭락했다. 특히 도쿄를 비롯한 대도시의 경우에는 10분의 1까지 떨어졌다. 당시 도쿄의 거품 아파트를 무리하게 구입한 샐러리맨들은 가정이 붕괴되면서 노숙자로 전락했다. 이들이 아직도 일본 황궁 근처 공원에서 노숙하며 지낼 정도로 당시 도쿄 아파트의 거품은 심각한 수준이었다.

최근에는 교육 환경과 주거 환경 등 인프라가 잘 갖추어진 지역의 토지와 아파트 가격이 다시 상승하고 있다고 한다. 2007년 하반기 도쿄 도심의 부동산 시세는 폭락 직전 가격의 3분의 1 수준에서 거래되고 있다. 그러나 이것은 일부 지역에만 국한된 이야기고 전반적으로는 아직까지도 하락세에서 벗어나지 못하고 있다.

우리나라 강남의 아파트가 도쿄 중심지 부동산의 폭락 전철을 그대로 밟을지 여부는 정확히 알 수 없다. 그러나 분명한 점은 강남에 맞먹는 인프라를 갖춘 지역이 다른 곳에 등장하기 전까지는 강남의 경쟁력이 계속 유지되리라는 것이다.

다가오는
퇴직연금 시대

　예전 정년이 보장받던 시대에는 40년 일하면 노후 20년은 퇴직금으로 생활할 수 있었다. 그러나 이제는 거꾸로 20년 일하고 노후 40년을 살아야 하는 시대가 되었다. 그만큼 노후 생활을 위한 대비가 절실하다는 뜻이다.

　선진국의 경우 노후 생활을 공적 연금과 사적 연금에 의존할 만큼 연금의 역할이 중요하다. 그런데 어느 국가든 저출산·고령화 시대에 공적 연금의 지출이 많아지면서 재정의 어려움을 겪고 있다. 그래서 점점 공적 연금의 비중을 낮추고, 사적 연금을 대표하는 퇴직연금의 비중을 강화하고 있다. 특히 근로자의 노후 소득 불안 문제를 해소하려는 목적으로 퇴직연금 제도 정비에 더욱 적극적이다. 선진 각국은 130년의 역사를 지닌 미국의 기업연금 시스템을 벤치마킹 하고 있으며, 최근에는 확정기여형 퇴직연금 도입을 경쟁적으로 도입하고 있다.

호주의 경우 1992년에 강제 가입 확정기여형 퇴직연금 제도를 도입하였으며, 이웃 일본에서도 2001년 확정급여형과 확정기여형 퇴직연금 제도를 도입하였다. 영국에서도 저소득층의 노후 소득 보장을 위해 2012년에 강제 가입 확정기여형 퇴직연금 제도 도입을 검토하고 있다. 우리나라도 지난 2005년 12월 퇴직연금 제도를 도입한 바 있다.

퇴직연금 제도란 매월 일정액을 특정 금융기관에 맡긴 뒤 운용 성과를 토대로 퇴직 후에 일정액을 연금 형태로 받는 제도이다. 이에는 일반적으로 확정급여형과 확정기여형(확정갹출형)으로 구분된다. 먼저 확정급여형(Defined Benefit Plan, DB형)이란 사전에 결정된 연금 지급 공식에 의해 연금이 지급되는 것으로, 자신의 연금 수급액이 미리 정해져 있는 형태를 말한다. 확정기여형(Defined Contribution Plan, DC형)은 사전에 연금 갹출액을 확정하는 반면, 연금 수급액은 갹출금의 적립 수준과 운용 성과에 따라 변동되는 것이다.

이 둘의 가장 큰 차이는 이자율 또는 물가 변동에 따른 위험을 어느 측에서 부담하는가에 있는데, 확정급여형은 회사가, 확정기여형은 근로자가 부담을 진다.

확정급여형 퇴직연금 VS 확정기여형 퇴직연금		
항 목	확정급여형(DB)	확정기여형(DC)
각출금	변동 가능	확정
급부액	확정(급여액의 일부)	실적에 연동
급부자	회사	회사와 노동자
수급 보장	요구됨	불필요
물가, 이자율 변동 위험	회사 부담	종업원 부담
관리	회사	종업원 계정별 관리
이동 가능성	복잡	용이
연금 수리	복잡	없음
선호	장기근속자, 대기업 유리	단기근속자, 중소기업 유리

개인의 자본시장 참여 증가

우리나라도 장기적으로 국민연금의 소득대체율(개인의 생애 평균 소득에서 차지하는 연금액의 비율)이 점차 축소될 것으로 예상되는 가운데, 미미한 퇴직금을 대신해 퇴직연금 제도의 역할이 점차 커질 것으로 보인다. 이에 따라 우리나라의 퇴직급여제도는 근로자퇴직급여보장법상의 퇴직금제 · 확정급여형(DB) 퇴직연금제 · 확정기여(DC) 퇴직연금제로 나누어지며, 5인 이상 근로자를 사용하는 위 퇴직급여제도 중 하나 이상을 설정해야 한다. 4인 이하의 근로자를 사용하는 사업은 2008년 이후부터 2010년 사이에 동법을 적용받게 된다. 근로자가 10년 이상 일정 금액을 특정 금융기관에 적립하면 55세부터 퇴직연금을 받을 수 있다.

한편 그동안 퇴직금 제도를 보완한 퇴직보험 및 퇴직신탁은 퇴직연금 제도가 도입됨에 따라 2010년 이후에는 폐지될 예정이다. 물론 퇴직급여제도를 설정·변경하기 위해서 근로자 대표의 동의를 얻어야 한다. 근로자 대표의 동의를 얻지 못할 경우에는 원칙적으로 퇴직금 제도가 적용된다. 근로자 대표란 근로자 과반수로 조직된 노동조합이 있는 경우 그 노동조합, 노동조합이 없는 경우 근로자의 과반수를 의미한다. 퇴직연금 제도의 장점이 커서 2010년부터는 각 사업장마다 퇴직금제가 퇴직연금제로 빠르게 전환될 것이다.

퇴직연금 제도는 사용자 입장에서는 매년 발생하는 퇴직 부채를 기준으로 사외 금융기관에 적립하는 제도이다. 따라서 최종 3개월간 평균 임금을 기준으로 하는 퇴직금 제도에 비하여 퇴직연봉제, 성과주의 임금제도, 임금 피크제 등 최근 각광받고 있는 유연한 인사관리 제도를 도입하는 데 적합하다. 특히 세금 혜택이 큰 매력이다. DC형의 경우 퇴직연금 부담금에 대하여 전액을, DB형의 경우에는 퇴직급여 추계액 한도 내에서 손비 인정을 받아 법인세를 절감하여 이윤을 증대할 수 있다. 따라서 사용자 측은 퇴직금 제도를 퇴직연금 제도로 전환할 경우 기존 퇴직금 해소라는 부담이 있지만 2010년 이전에 퇴직연금 제도로 전환을 서두를 것으로 보인다.

한편 근로자 입장에서도 퇴직연금 제도가 훨씬 유리하다.

첫째, 퇴직금 체불에 대한 우려가 줄어든다. 확정기여형의 경우 전액 사외 적립되기 때문에 퇴직금을 전혀 떼일 염려가 없다. 확정급여형 퇴직연금도 100퍼센트 전액 사외 적립을 의무화하고 있지는 않지만, 퇴직 부채의 60퍼센트 이상을 금융기관에 적립하게 되어 있어 퇴직금 제도보다 근로자의 수급권이 많이 개선되었다.

둘째, 안정적인 노후 생활 자금 보장이 가능하다. 직장 이동에 따른 부작용을 최소화하기 위해, 직장을 이동하더라도 퇴직금을 은퇴할 때까지 관리하고 운용할 수 있는 개인퇴직계좌(IRS)라는 퇴직(일시)금 통산 장치를 마련하였다. 즉, 직장을 이동할 때마다 퇴직금을 수령하지 않고 세금 혜택을 받아 가면서 개인퇴직계좌에 충분히 쌓아 두었다가 55세 이후에 연금 또는 일시금으로 수령할 수 있게 된 것이다.

셋째, 세금 혜택 또한 상당하다. 확정기여형 퇴직연금의 근로자 추가 납입금에 대해서 개인연금과 합산하여 300만 원까지 소득공제를 받을 수 있으며, 운용 중에 세금이 부과되지 않는 퇴직연금 적립금은 모두 투자 재원으로 이용되기 때문에 실질적으로 세후 소득을 높일 수 있다. 개인퇴직계좌에 퇴직금을 불입하면 퇴직소득세를 내지 않으며, 적립금 운용 시에 발생하는 수익에도 과세되지 않는다. 다만, 55세 이후 실제 연금 등을 수령할 때 연금소득세 등을 내지만 그때는 소득이 작아진 때이므로 큰 부담이 되지 않는다. 일반 금융 상품에 비해 이자소득세만큼 매년 투자 원금이 증대되므로 가입 기간이 길수록, 투자 원금이 클수록 이자소득세 비과세 효과는 배가된다. 향후 퇴직연금 제도에 대한 세제 혜택을 더욱 확대하여 실질적으로 노사에게 이익이 되는 노후소득 보장 제도로 거듭날 예정이다. 특히 확정기여형의 경우 사용자 부담금 이외에 근로자의 추가 납입이 가능하고 세제 혜택까지 받을 수 있다. 즉, 노후 생활 재원을 보다 충분히 마련하고자 하는 근로자는 각자의 선택에 따라 다양한 혜택이 부과되는 퇴직연금 플랜에 추가로 재원을 납입할 수 있다는 것이다.

2008년 3월말 현재 퇴직연금 적립금이 3조 원을 돌파했고, 가입자도 60만 명을 넘어섰다. 연금 유형별로는 확정급여형이 확정기여형과 개인퇴직계좌(IRA)보다 압도적으로 많다. 고령화 사회로 접어드는 가운데 퇴직연금의 장점을 생각해 볼 때 빠르게 활성화될 가능성이 높으며, 특히 미국처럼 확정기여형이 발달되면서 국내 자본시장을 양적으로 성장시킬 뿐만 아니라 질적으로 진화할 시킬 수 있을 것으로 보인다. 주식에 대한 수요가 늘어나고, 금융 혁신이 진전되며, 증권시장과 관련된 인프라가 개선될 것이다.

주식시장의 성장 현상은 미국에서 가장 잘 엿볼 수 있다. 1990년대 미국 주식시장의 장기적인 상승 추세는 개인들이 401(k) 등 기업연금을 통해 뮤추얼 펀드에 대규모로 투자한 데 영향을 받은 것으로 알려져 있다. 주식시장뿐만 아니다. 주식시장이 그리 발달하지 못한 칠레의 경우 사적 연금 자산 축적에 의해 자본시장, 특히 장기채권시장이 크게 발전한 사례로 흔히 지적된다. 칠레 국채에서 연금 펀드 비중이 1981년에 0.7퍼센트에 불과했으나, 적립 방식 사적 연금 제도가 시작된 이후 그 비중이 급격히 증가해 2000년에는 65퍼센트에 이르렀다. 이에 힘입어 이 기간 중 칠레 국채시장의 규모는 18배 증가했으며, 특히 15년 이상의 장기채권시장이 눈부시게 커졌다.

머지않아 우리나라 자본시장도 대다수 근로자가 참가하면서 폭발적으로 성장할 가능성이 높으며, 각 근로자는 자신의 퇴직연금 관리를 위해 금융 지식을 쌓기에 여념이 없을 것으로 보인다.

미국 은퇴 시장의 주역, 기업연금제도

퇴직연금 제도와 그 영향을 이해하기 위해 미국의 기업연금제도를 자세히 살펴보자. 미국의 기업연금은 1875년 American Express 사가 최초로 도입한 이래 꾸준히 퇴직연금의 수급권 강화와 세제 혜택 확대를 해왔다. 그 결과 2007년 2분기 현재, 개인연금계좌(IRA)를 포함한 퇴직연금 자산은 11조 4,000억 달러에 이른다. 이는 미국 은퇴 자산 시장의 약 65.5퍼센트에 달하는 것이다.

그림 2-4. 다우존스 지수와 기업연금 추이

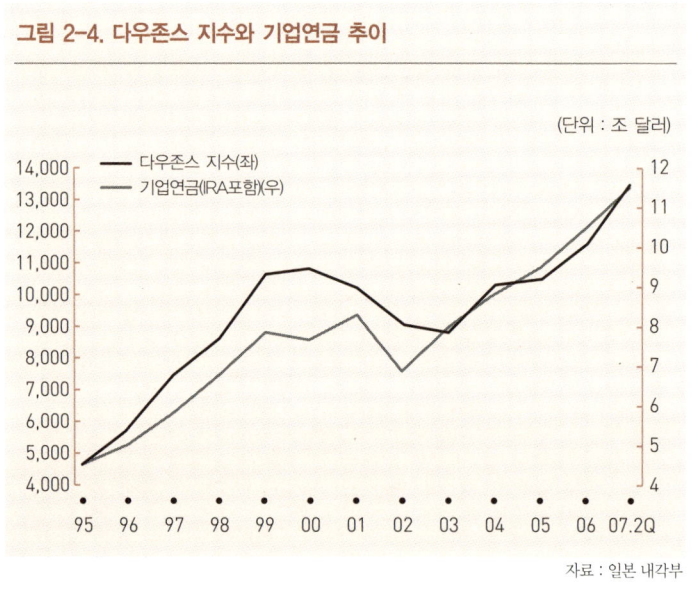

자료 : 일본 내각부

이러한 미국의 기업연금제도는 도입 초기에는 대부분의 기업들이 급여 수준에 비례하여 연금을 지급하는 확정급여(DB)형 위주로 발전하였다. 이 확정급여형은 2차대전 이후 경기가 빠르게 회복되면서 전성기를 맞이했다. 그러나 1980년대에 자율화 및 규제 완화가 추진되자 확정기여(DC)형 기업연금에 대한 수요가 빠르게 늘어났다. 확정급여형이 근로자퇴직소득보장법(ERISA)에 의해 까다롭게 규제를 받게 되자, 기업들이 상대적으로 규제가 적은 확정기여형을 선호한 것이다. 또한 근로자 자신이 관리하는 확정기여형이 기업의 완전한 수급 보장 부담을 덜어준 것도 영향을 미쳤다.

확정기여형 기업연금 중에서도 401(k)가 미국 근로자의 대표적인 노후 대비 연금으로 인식되고 있다. 401(k)란 근로자와 기업주가 일정 한도 내에서 소득공제 및 투자 수익에 대한 비과세 혜택을 누리면서 연금을 개인 퇴직 계좌에 적립하고, 은퇴 후에는 낮은 소득세율로 인출할 수 있는 확정기여형 기업연금을 말한다. 401(k)가 빠르게 성장한 이유는 통신기술의 발달로 가입자들이 쉽게 금융 업무를 할 수 있게 된 데다, 주식시장 활황에 따른 투자수익률이 제고되었고, 또 뮤추얼 펀드 등 자산 관리업이 빠르게 성장했기 때문이었다.

2000년대 들어 주가 하락으로 인한 운용 자산 감소, 신규 연금 계획 증가율 둔화, 경기 하락에 따른 노동계약 감소 등으로 일시적으로 확정기여형 연금 자산의 성장률이 둔화되었다. 특히 2001년에는 엔론(Enron)과 월드콤(WorldCom) 등이 파산하는 바람에, 자사주를 투자수단으로 선택했던 401(k)가 지급불능 상태에 놓이기도 했다. 그러나 그 후 엄격한 관리와 개혁이 추진되고 근로자에게 다양한 투자 기회와 양질의 정보를 제공하도록 하는 기업연금 관련 법안들이 마련되면서 401(k)는 새롭게 성장하고 있다.

확정기여형 기업연금은 스폰서인 기업주가 수탁자에게 신탁을 위탁하고, 수탁자는 노동자에게 다양한 투자 선택권을 제시하여 노동자의 운용 지시에 따라 투자를 결정한다. 투자 대상은 주식, 채권, 뮤추얼 펀드, 생명보험 등 다양하다. 특히 뮤추얼 펀드 투자는 91년에 6.2퍼센트에 불과하였지만 최근에는 환매가 자유로운 뮤추얼 펀드에 대한 투자가 급증하고 있다. 2007년 2분기 현재, 401(k) 기업연금의 자산 총액 2조 9,000억 달러 가운데 뮤추얼펀드에만 약 55퍼센트를 투자하고 있다. 뮤추얼펀드가 대부분 주식형이고 또한 개별 주식 투자까지 고려하면 확정기여형 기업연금의 주식 비중은 상당히 높다고 할 수 있다.

미국에서 막대한 기업연금 자산이 축적되고 근로자들이 기업연금을 은퇴 후의 주요 소득으로 여기게 된 까닭은 기업과 정부의 도움 때문이다. 즉, 기업들이 근로자의 부담금 이외에 추가 부담금을 납입함으로써 근로자의 노후 소득 보장을 돕는 것이다. 일반적으로 근로자가 401(k) 플랜에 연금의 1퍼센트까지 부담금을 납입하면, 회사는 근로자 납입금의 100퍼센트까지를 근로자의 401(k)계좌에 납입한다. 또한 근로자가 연봉의 1퍼센트에서 6퍼센트까지 납입하는 경우에는 보통 근로자 납입금의 50퍼센트 정도까지 보조한다.

정부에서는 59.5세 이전에 퇴직연금 적립금을 인출하는 근로자에게는 통상의 소득세에 10퍼센트 패널티세를 추가로 부과하여 중도 인출을 제한하고 있다. 최근에는 새로운 연금법을 제정해 모든 근로자가 401(k) 플랜에 자동적으로 가입하도록 했다.

이 밖에 기업연금이 성공할 수 있었던 이유로 개인퇴직계좌도 꼽을 수 있다. 개인퇴직계좌(Individual Retirement Account; IRA)는 공적 연금과 기업연금 이상의 연금을 지급받기 위해 근로자가 개인적으로 적립하는 연금이다. 1974년 설립 이후 지속적인 성장을 거듭하면서 401(k)와 함께 미국의 가장 보편적인 연금으로 자리 잡았다. 산업구조의 변화와 구조조정 등으로 과거보다 이직이 잦아졌지만, 근로자들은 연금의 연속성(개인 계좌의 이동)을 유지하기 위해 직장을 옮기더라도 적립금을 찾지 않고 개인퇴직계좌에 적립하는 현명한 선택을 하고 있다.

현재 미국 가계의 40퍼센트 이상이 IRA를 소유하고 있는데, IRA를 소유하고 있는 전형적인 가구의 금융자산 중에서 IRA는 5분의1 이상을 차지하고 있다. 여타 연금제도와 달리 IRA는 가입자가 연금 갹출 여부, 갹출 금액, 투자 수단과 투자 기관, 인출 여부 등에 대해 완전한 권한을 행사할 수 있다. 또 인출 전 발생하는 모든 소득(이자소득, 배당소득, 자본소득)이 면세로 증식되며 노년에도 가입할 수 있다는 것이 큰 장점이다.

IRA 가입자들은 연금 계정에 대해 완전한 통제권을 가진다. 연금 자산 투자를 자신의 책임으로 선택할 수 있으며, 가입 상한 범위 내에서 재정 상황에 따른 갹출금 조절도 가능하다. 직장의 이직이나 퇴직에 의해서도 IRA는 전혀 영향을 받지 않으므로 개인의 투자 계획에 따른 운용이 가능하다. 이밖에도 IRA는 다양한 상품에 대한 투자와 이전이 보장되어 있고 상속 및 1가구 2계좌 이상 보유도 가능하다.

2장

건전한 금융 투자

금융자산 확보
빠를수록 좋다

얼마 전 한 선배가 다니던 대기업을 퇴직했다. 결혼과 동시에 전세를 살다가 월급과 성과급, 중간 정산제로 받은 퇴직금 등을 모아 수도권 지역에서만 7차례 이사한 후, 비로소 압구정동에 10억 원이 넘는 아파트를 장만했다. 그렇게 강남에 '내 집' 하나 마련하고 나니 어느덧 은퇴할 나이가 된 것이다. 이 선배의 '내 집 마련'은 우리 시대 '중산층의 꿈'이고, 이 선배의 '은퇴'는 우리 시대 '베이비부머의 삶'이 아닐까?

대기업 은퇴 후 중소기업체 감사로 '제2의 직업'을 찾은 그가 현재의 급여만으로는 생활이 빠듯하다는 하소연을 늘어놓았다. 말 그대로 밥만 겨우 먹을 수 있는 상황이 된 것이다. 이는 당연한 일이다. 퇴직 후 생활을 유지할 금융자산이 없기 때문이다.

그가 보유한 금융자산은 약간의 보험과 퇴직금, 그리고 5,000만 원 남짓한 예금과 주식 등이 전부다. 우리 시대 중년들이 다 그렇듯 높은 사교육비와 대출금 때문에 따로 금융자산을 축적할 여유가 없었다. 바삐 돌아가는 생활은 그에게 은퇴를 준비할 시간적·경제적 여유를 주지 않았다.

문제는 이들 중년층은 돈을 벌어 자산을 불릴 수 있는 장년층과 달리 '지출형 구조'로 살아가야 하는 데 있다. 이들이 바로 'house rich, cash poor'인 것이다. 자산은 있지만 안정적인 소득원이 없다. 적지 않은 부동산 자산을 가지고 있지만 처분이 쉽지 않아 현재의 생활이 어려운 것이다. 평생 내 집 마련과 자녀 교육에 힘을 쏟았지만, 그들이 가야 할 길은 아직 멀다. 대학원 진학이나 유학을 꿈꾸는 아이들 뒷바라지가 끝나지 않은 것이다. 자녀의 결혼 비용까지 부담한다면 은퇴 준비는커녕 빚이나 지지 않으면 다행이다.

혹자는 이 모든 문제를 '집을 팔아 해결'하면 된다고 한다. 집을 팔아 아이들 교육비와 결혼 비용을 대고 자신들의 노후 생활까지 대비하겠다는 것이다. 정말 꿈같은 얘기다. 요즘처럼 부동산 가격이 불안한 시기, 집값이 폭락이라도 하면 어쩔 것인가.

앞에서도 말한 바 있지만, 부동산 가격은 비탄력적이다. 집값이 하락하면 사려는 사람이 없다. 현금화하기가 어렵다는 얘기다. 게다가 이런 상태가 지속되면 집값은 더욱 하락하는 악순환이 반복된다.

물론 우리나라 국민만 부동산으로 자산을 늘리는 것은 아니다. 특히 1990년대 중반 저금리 시대에 세계 주요 도시의 부동산은 대부분 상승했다. 때문에 부동산으로 돈을 번 사람들이 많다. 하지만 우리처럼 부동산에 대한 절대적인 믿음을 보이진 않는다. 그들은 부동산에 투자를 하더라도 우리처럼 직접투자 방식이 아닌 금융 상품화된 '부동산 펀드(리츠)'라는 간접투자 방식을 선호한다.

선진국 개인들은 퇴직을 목전에 두고 노후 걱정을 하는 우리와 달리 젊었을 때부터 금융자산을 축적하면서 자신들의 노후를 준비한다. 공적 연금 등 사회보장제도가 우리보다 훨씬 앞서고 있지만 그래도 그것이 자신의 노후를 충분히 보장하지 못한다는 것을 알기 때문이다.

금융자산의 운용 방법 역시 단기 수익을 노리는 우리와 다르게 장기 투자를 중심으로 일정한 금액을 주식에 투자하는 방법을 사용한다. 투자는 개인이 직접 주식이나 특정 펀드를 선택하여 투자하는 직접투자와 금융회사의 상품인 적립식 펀드 등에 투자하는 간접투자로 나뉘는데, 두 방법 모두 정석 투자의 3가지 조건인 정기 투자·분산투자·장기 투자라는 형식을 충족시킨다.

또한 선진국민들에게 연금과 보험은 금융자산으로서 중요한 위치를 차지한다. 특히 세제 혜택이 높은 기업연금 및 생명보험이 중요한 절세 상품으로 취급된다. 어쩔 수 없이 가입하는 우리와 달리, 그들은 연금과 보험을 미래와 노후의 대비 수단으로 생각한다.

우량 금융자산 확보 전쟁

일반적으로 사회가 고령화될수록 노후 대비를 위한 저축이 증가하는 법이다. 최근 통계청의 '도시 근로자 가구의 연령대별 저축률'을 보면 본격적으로 노후 준비를 시작하는 50대 중반 이후부터 저축률이 급격히 높아지는 것을 볼 수 있다. 50세 초반까지 지속적으로 줄어들던 저축률이 55세 이후 급속히 증가하는 것이다.

이 시기에는 특히 유동성이 높은 자산이 절실하기 때문에 금융 상품에 대한 수요가 증가할 수밖에 없다. 이들에게는 어느 정도 수익

그림 2-5. 도시 근로자 연령대별 저축률

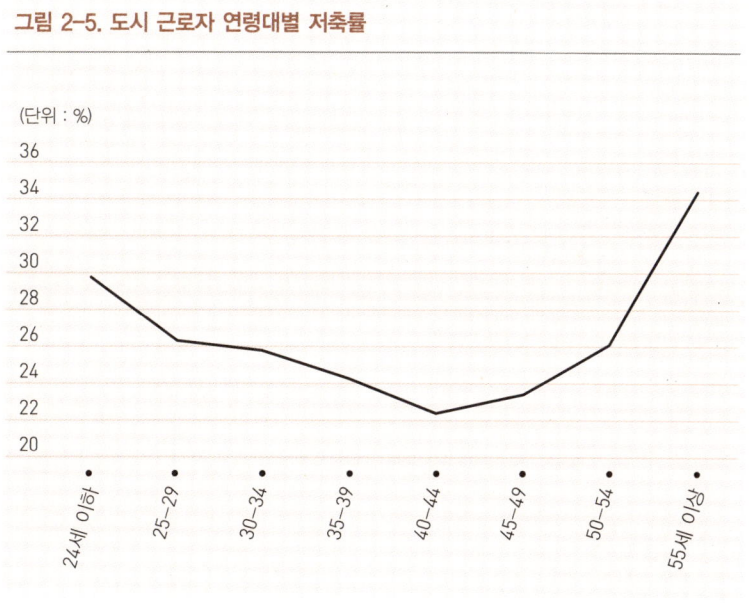

저축률 = 1 − (소비지출/처분가능소득)
자료 : 통계청

을 추구하면서도 안정적으로 운용이 가능한 장기 국채나 우량 회사채 중심으로 구성된 펀드, 배당 성향이 높은 우량 주식 펀드 등 장기 금융 상품이 필요하다. 더불어 안정적이면서 다소 높은 수익률을 보이고 있는 선박 펀드나 해외자원개발 펀드 등도 괜찮은 상품이다.

안전하지만 수익률이 낮은 은행보다는 조금 위험하더라도 높은 수익을 보장하는 금융자산에 대한 수요 증가는 필연적이다. 예를 들어 미국은 베이비부머가 1990년대 이후 소비 주체인 동시에 노후를 준비하는 주체가 되면서, 금융자산에 대한 수요가 증가해 퇴직연금 등을 통해 주식형 뮤추얼 펀드로 자금이 집중되었다. 토지 불패 신화가 깨진 일본의 경우, 시세 차익을 노린 부동산 투자 대신 3~7퍼센트의 투자수익률을 보이는 원룸 주택 임대 사업이나 부동산 펀드(리츠)에 돈이 몰리고 있다. 정기예금 금리가 1퍼센트인 일본에서는 엄청난 고수익이기 때문이다. 현재 일본은 '토지 필패' 신화에 빠져 그 어떤 정책이 나오더라도 부동산은 바라보지 않는다. 단지 앞서 언급한 임대 수익, 부동산 펀드 등 수익률이 조금이라도 높은 곳에 투자를 하지만 이를 부동산으로 보지 않고 금융자산으로 생각하면서 투자하고 있다.

요즘 우리나라의 가계도 금융자산이 빠르게 증가하고 있는 추세다. 부동산 시장의 침체가 지속될수록 금융자산 취득 경쟁에 가속도가 붙을 것은 분명하다. 뿐만 아니라 늦어도 2010년부터 전 사업장에 의무적으로 퇴직연금이 시행된다. 그러면 대한민국 모든 근로자가 자기 스스로 자신의 퇴직연금을 선택할 수 있고, 우량 금융자산을 확보하려고 치열하게 경쟁할 것이다. 퇴직연금의 두 형태, 즉 확정급여형(DB)과 확정기여형(DC) 중 무엇이든 간에 퇴직연금은 수익률을 좇아 금융자산을 확보하려는 경쟁으로 자리가 굳어질 것이다.

시간이 지날수록 좋은 금융 상품이 나오기 어렵기 때문에 금융자산의 취득 시기는 빠를수록 좋다. 금융자산의 수요가 증가하면 그 가격 또한 상승하여 지금처럼 높은 수익률을 기대하기 어렵기 때문이다. 이런 시대적 흐름을 읽는다 하더라도 집중력과 판단력이 흐려진 중년층은 직접투자에 어려움을 느낄 수 있다. 요즘처럼 금융 상품의 가격 변동이 커지고 있는 상황에서는 전문적인 지식이 필요하다. 때문에 금융 지식이 부족한 사람들 그리고 고령층일수록 금융자산 관리를 전문가에게 맡기는 간접투자를 선호해야 할 것이다.

주식 투자를 두려워하지 마라

10년 전만 해도 신입사원들이 가장 먼저 하는 일 가운데 하나는 은행을 찾아 적금을 드는 것이었다. 지금의 적립식 펀드처럼 한 달에 5~10만 원씩 꼬박꼬박 적금을 넣어 남자들은 전세 자금을, 여자들은 혼수 자금을 만들었다. 그리고 40대가 되면 집을 넓히기 위해, 50대가 되면 자식의 대학 등록금을 마련하기 위해 적금을 들었다. 은행의 적금은 서민들의 대표적인 목돈 마련 수단이었다. 하지만 요즘은 주식이나 펀드에 더 치중하는 경향을 보인다. 이런 상황을 반영하듯 5대 인터넷 전업 증권사들의 계좌 수가 1년 사이 2배나 늘어났다.

코스피 지수 2,000 시대를 목격한 시점에서 직장인들의 대화는 주식으로 시작해서 주식으로 끝난다고 해도 과언이 아니다. 출근하면 증권 정보 전문 사이트부터 접속하는 직장인들 때문에 주식 사이트로의 접근을 차단하는 회사까지 등장하고 있다. 이런 흐름을 말해 주듯, 서점의 경제서 코너도 주식 관련 재테크 서적 일색이다. 하루에 10만 원 버는 법, 1,000만 원으로 6개월 만에 10억 만드는 법, 100억 원 부자 된 재테크 비법 등등. 불행히도 사람들은 투기성을 유도하는 이런 재테크를 투자로 인지하고 있다. 그러나 투자란 투기 요령을 배우는 게 아니다.

과거 우리 국민들은 별다른 재테크의 필요성을 느끼지 못했다. 10퍼센트를 넘는 금리 때문에 은행의 예·적금은 최고 상품이었으며, 부동산이 지속적으로 상승해 집 한 채만 있으면 노후 대책까지 해결되었기 때문이다. 그러나 저금리 기조가 정착된 지금은 사정이 다르다.

현재 은행의 정기예금 금리는 물가 상승률과 세금을 고려하면 실질실효 금리가 거의 제로 상태다. 실질실효 금리란 명목 금리에 이자소득세 15.4퍼센트를 빼고, 여기에다 물가 상승률을 뺀 금리를 말한다. 2001년부터 거의 제로 상태였던 실질금리는 최근 플러스로 반전되었다. 하지만 물가도 빠르게 상승하는 상황이라 실질실효 금리는 다시 내려갈 가능성이 크다.

대부분의 개인들은 은행에서 금리만 넉넉히 준다는 상품 이외의 다른 투자 대상에 접근하기 어려운 실정이다. 투자에 대한 관심은 많지만 투자에 대한 확실한 목표와 장기 계획이 없고, 투자의 기본 또는 투자에 대한 철학마저 없어 실패할 수 있기 있다. 특히 안전성

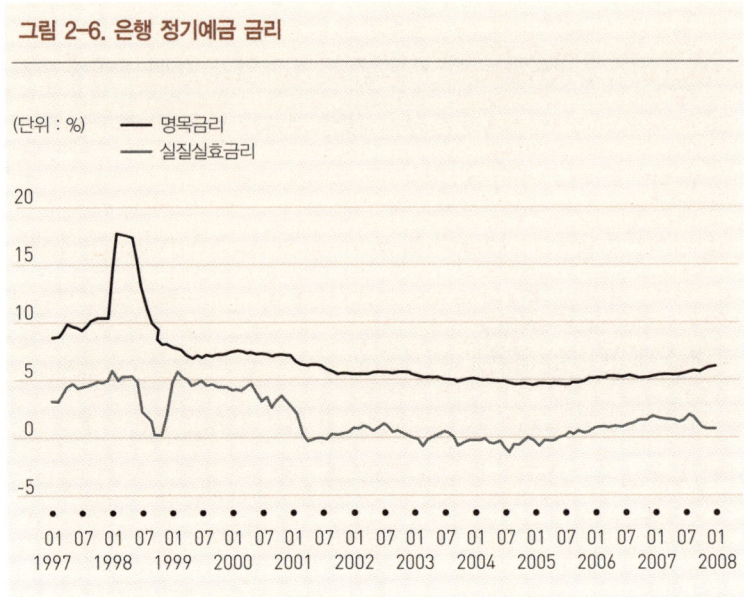

그림 2-6. 은행 정기예금 금리

(단위 : %) ── 명목금리
── 실질실효금리

자료 : 한국은행

위주로 여유 자금을 운용하는 고령자들의 자금은 쉽게 주식이나 고
수익 위험 자산으로는 옮겨가지 않을 것이다.

하지만 이런 상태로는 노후를 대비하기 어렵다. 저금리 시대에 재
산을 조금이라도 불리려면 어느 정도 위험을 감수하는 투자를 실행
할 필요가 있다. 고령화 사회를 저축만으로 대비하기는 어렵기 때문
이다.

이제는 투기가 아닌 투자의 시대

투자를 제대로 이해하기 위해서는 먼저 저축과 투자를 구분할 필요가 있다. 재테크를 하는 사람들 대부분이 저축과 투자에 대한 개념이 없는 듯하다. 저축과 투자 모두 미래에 더 큰 수익을 얻을 목적으로 현재의 소비를 희생하는 행위지만 분명한 차이를 보인다.

먼저 저축은 은행예금 등을 통해 원금 손실 없는 이자 수익을 얻지만, 정해진 범위 이상의 수익은 기대하기 어렵다. 반면에 주식이나 부동산 투자는 높은 수익을 얻기 위해 불확실한 미래 가치에 현재의 확실한 가치를 희생하는 행위다. 따라서 은행 이자보다 높은 수익을 얻지만, 투자 원금 손실이라는 위험성을 안고 있는 것이다.

그런데 많은 사람들이 대박의 환상에 젖어 투자와 투기를 혼동하고 있다. 얼마 전 신문에서 마이너스 통장을 이용해 주식에 투자하는 직장인들이 늘고 있다는 기사를 보았다. 빚으로 주식 투자를 하고 있다는 말이다. 행여 대박이 날 수도 있으리라는 기대 때문이다.

빚으로 하는 투자는 투기라고밖에 말할 수 없다. 자신의 능력을 벗어난 과도한 빚은 건전한 자산이 아니기 때문이다. 부동산 가격이 급등하자 은행 대출로 부동산 시장에 뛰어드는 것과 같은 상황이다. 투자란 정상적인 방법으로 정상적인 가격 변동에서 발생하는 차익을 목적으로 한다. 반면, 투기는 의도적으로 가격을 조작하여 비정상적인 시세 차익을 유도하는 것이다. 비정상적이며 비윤리적인 방법으로 부를 늘리는 방법이 바로 투기다.

현재 우리나라 자본시장에서는 1980년대 일본과 1990년대 미국에서 나타났던 주가의 '대세 상승' 여건이 조성되고 있다. 일본과 미국은 베이비붐 세대가 고령화에 대비해 자산을 축적하는 과정에서 주가가 큰 폭으로 상승했다. 우리나라 역시 빠르게 고령화되어 가고 있고 금융자산, 특히 위험 자산에 대한 수요가 빠르게 늘어가고 있다. 퇴직연금이 시작되면 본격적으로 우량 주식에 대한 수요가 증가할 것이다. 기업들도 그 가치가 꾸준히 증가하고 있다. 구조조정 결과 수익성과 안정성이 높아졌기 때문이다.

이러한 긍정적인 환경 변화를 고려할 때 국내 주식시장은 국내 경제 상황과 관계없이 강한 상승세를 이어갈 수 있다. 만일 서브프라임 문제가 진정되고, 부동산 가격이 안정세를 지속한다면 주식시장으로 자금 이동이 가속화되어 주가 역시 큰 폭으로 상승할 수 있을 것이다. 과거에는 어렵지 않게 투자할 만했던 주식이 어느 순간에는 쉽게 투자할 수 없는 가격대로 치솟을지도 모를 일이다.

특히 현재 40대인 국내 베이비부머들은 앞당겨지는 은퇴 연령과 늘어난 평균수명 그리고 기여도 낮은 공적 연금 때문에 50대 은퇴 이후를 스스로 대비해야 한다. 수동적이기보다는 공격적으로 부를 늘려야 하는 시기이다. 이 점을 고려하면 주식같이 어느 정도 위험성은 있지만 수익률 높은 투자에 대한 수요가 증가할 수밖에 없다. 국내 주식형 펀드 보유 비중이 2004년을 기점으로 증가한 것이 이를 증명한다. 부동산 중심의 투자에서 벗어나 주식시장에 대한 관심을 키우는 것은 매우 바람직한 현상이다.

한동안 우리는 물가 상승률보다 낮은 실질금리 마이너스 시대에 살았다. 그런데 미국과 일본은 각기 다른 반응을 보였다. 온 국민이 '내 집 마련 열풍'에 빠져 있던 우리와 달리, 미국의 금융자산들은 대거 뮤추얼 펀드나 연금과 같은 장기 투자 자산으로 이동했다. 그 결과 미국은 경제 호황을 장기간 누렸다. 그리고 안정적인 연금 소득을 바탕으로 풍요로운 노후 생활을 실현했다.

일본의 경우는 투자 금융자산으로의 이동은 거의 없었다. 일본의 특성상 노년층이 대부분의 '부'를 가지고 있어, 추가 투자를 통해 부를 축적하기보다는 안전하게 자신의 자산을 맡아줄 금고가 필요했다. 그래서 노년층의 금융자산은 더욱 은행권으로 몰렸고, 그 결과 일본은 오랜 동안 절대 금리 마이너스 시대를 맞이했다.

자본주의 사회에서 자신의 소득과 위치에 걸맞은 투자는 필수다. 주식시장과 주식 관련 펀드로의 자금 유입이 대세인 지금, 저축이 아닌 투자는 필수가 되었다. 인구구조 변화와 국민소득 2만 달러 시대를 맞아 가계들이 새로운 재테크 수단을 모색하고 있어 투자의 패러다임 변화가 예견되고 있다. 여성 인구의 경제활동 참여도 가계소득수준 향상에 기여하고 있어 직·간접투자를 통해 자산 배분 변화가 더욱 쉬워졌다.

사람들은 연일 치솟는 강남의 아파트 가격을 보고 '언젠가는 내릴 것'이라 생각했다. 그러나 비웃기라도 하듯 강남 아파트 가격은 연일 상승했다. 이렇게 살 시기를 놓친 사람들은 오를 대로 오른 가격 때문에 강남 아파트 구입은 엄두도 내지 못하는 형편이 되었다. 주식도 마찬가지다. 지금까지 국내 기업의 주식은 저평가된 것이 사실이다. 현재 우리 주가가 눈부신 성장률을 기록하고 있지만, 이는 적정 가치를 찾는 과정일 뿐 해외 기업의 주가와 비교했을 때는 결코 높은 수준이 아니다.

우리가 품 안의 진주를 이렇게 천대하는 사이, 국내 기업의 미래 가치를 본 외국 투자가들은 엄청난 시세 차익을 누렸다. 국내 우량 기업의 외국인 지분 역시 무시할 수 없다. 그러나 이는 결코 바람직한 현상은 아니다. 세계화 시대를 역행한다고 말할 수도 있지만, 국내 기업의 수익이 배당이란 형식으로 그들에게 돌아가기 때문이다.

사실 주식 투자는 저축이나 부동산 투자보다 위험하다. 그러나 대박에 대한 환상을 버리고 기업의 가치분석을 통해 우량 기업에 장기 투자한다면, 저축만큼 안정적이며 과거의 부동산만큼 큰 수익을 안겨줄 것이다.

금융 투자,
주식이 전부가 아니다

　우리나라 사람들은 재테크 하면 가장 먼저 떠올리는 것이 주식 투자이다. 부동산이 더 이상 안전한 자산이 아니라는 인식이 커지면서 주식 투자를 점차 중요시하고 있는 것이다. 그렇지만 주식 투자는 매우 어렵다. 어느 누구도 주가의 움직임을 정확하게 예측하기 힘들기 때문이다.

　주가는 매우 다양한 요인들에 의해 영향을 받는다. 주식시장은 국내외 정치·경제적 동향과 각 산업에 관한 정보가 집결되는 곳이며, 이러한 정보에 입각하여 매매를 하기 때문에 주가에 영향을 미치는 변수는 무수히 많을 수밖에 없다. 구체적으로 주가는 국내외 경기·금리 등 경제적 요인과, 국내외 정세 등 경제 외적 요인, 그리고 투자자 동향, 신용거래 규모 등 주식시장 내부 요인에 의해 크게 좌우된다. 개별 기업의 주가는 기업의 경영 실적, 증자, 신제품 등의 개발 재료, 자산 성장성 등에 따라 크게 움직인다.

따라서 일반 개인은 주가를 예측하기 매우 어렵고, 특히 '고위험, 고수익'의 전형적인 모델인 주식 투자에 필요한 침착성과 자제력, 그리고 과감성과 끈기를 유지하기가 힘들다. 보통 사람들은 자신의 일을 하면서 주식 투자를 해야 하기 때문에 전문가 집단과의 경쟁에서 항상 열위에 놓이게 된다.

펀드 등 간접투자도 직접투자보다 나은 결과를 얻을 수 있지만 기본적으로 주식 투자의 위험성에서는 벗어나지 못한다. 서브프라임 사태와 같은 충격에는 직·간접투자 할 것 없이 마찬가지 결과를 보이고 있다. 그만큼 주식 투자가 위험하다는 말이다. 사실 대부분의 투자자들이 주식시장에 대해 긍정적인 생각을 가지고 있음에도 불구하고 위험 회피 성향 때문에 주식시장으로 접근을 꺼리고 있다.

만일 주식 투자를 하고 싶지만 개별 기업에 대한 분석이 부족하여 망설인다면 주가지수 연동 상품을 생각해 볼 수 있다. 최근에는 코스피200 지수나 코스피50 지수와 같이 특정 주가지수와 동일한 수익률을 얻을 수 있도록 설계된 지수 연동형 펀드나 상장지수 펀드(Exchange Traded Funds; ETF)가 인기를 끌고 있다. 해당 주가지수에 편입된 주식 바스켓(10개 이상의 주식을 조합)과 동일하게 펀드를 구성하기 때문에 ETF 하나로 분산투자 효과가 있다. 거래소에 상장돼 일반 개인들도 거래할 수 있다.

또한 특정 산업을 유망하다고 볼 경우 자동차, 반도체, 건강(바이오), 은행, 정보통신(IT) 등 유망 업종에 집중해서 투자하는 섹터 ETF도 있다. 특정 업종에 집중하는 대신 리스크를 피하기 위해 투자 대상을 전 세계로 넓히는 것이 일반적이다. 예를 들어, 향후 국제적으로 반도체 주가가 오른다고 전망할 때, 국내 및 해외의 여러 반도체 회사에 골고루 투자를 하여 주가가 올랐을 때 고수익을 올릴 수 있다.

한편 주식 투자에서 원금 손실이 두렵다면 최소 투자 원금을 보장하는 방법도 있다. 최근 투자 원금을 보장하면서 주가 또는 주가지수(코스피 200)와 연계하여 움직이도록 포트폴리오를 구성하여 수익을 극대화하는 복합 금융 상품이 인기를 끌고 있다. 주가지수 연계 상품은 여러 금융기관에서 다양한 형태로 판매하고 있다. 먼저 은행이 판매하는 주가 연계 예금(Equity-linked Deposits; ELD)은 투자 원금의 95퍼센트를 정기예금, 5퍼센트를 주가지수 옵션에 투자하는 상품으로, 예금자보호법이 적용되어 원금 보장이 완벽하다. 둘째, 증권회사에서 판매하는 주가 연계 증권(Equity-linked Securities; ELS)은 투자 원금의 95퍼센트를 국공채 및 우량 금융채, 5퍼센트를 주가지수 옵션에 투자하며, 증권사 자체 신용으로 원금을 보장하는 상품이다. 그리고 자산운용사가 판매하는 주식 워런트 증권(equity-linked warrants; ELW)은 투자 원금의 100퍼센트를 국공채에 투자하고, 이자 수익으로 옵션이나 주식 워런트에 투자하며, 투신사 자체 신용으로 원금을 보장하는 상품이다.

주식 이외에도 다양한 금융 투자가 가능

　주식 투자가 어렵고 취향에 맞지 않을 수 있다. 그때는 채권 투자
를 생각해 볼 수 있다. 채권(債券, bonds)은 기본적으로 금융기관의
예금 상품보다 금리가 높고, 주식에 비해서는 투자 위험이 낮은 데
다 유동성도 어느 정도 확보된다. 채권은 투자 선택 기준의 3요소,
곧 수익성 · 안정성 · 유동성 등을 고루 만족시키는 금융 상품이다.
따라서 채권 투자는 안정적인 수익을 원하는 사람에게 잘 어울리는
투자 대상이지만, 그동안 개인 투자자들에게는 먼 나라 이야기같이
들렸다.

　비록 몇몇 증권사를 중심으로 소매 채권시장이 운영되긴 했지만
장외시장인 탓에 취급 종목도 제한돼 있었고 공정한 정보를 얻기도
어려웠다. 또 투자자들이 직접 지점을 방문해야 하는 불편함도 있었
다. 무엇보다도 최소 100억 원이 있어야 가능하기 때문에 소액 투자
자인 개인이 투자하기엔 큰 부담이었다. 따라서 채권은 거액의 자산
가나 기관들만이 접할 수 있는 상품으로 여겨져 왔다. 하지만 2007
년 8월 한국증권선물거래소에 소매 채권시장이 개설되면서 일반 투
자자들도 소액으로 편리하게 채권에 투자할 수 있게 됐다. 주식과

마찬가지로 증권사에서 계좌를 트면 전화나 홈트레이딩시스템(HTS)으로 편하게 국채, 통화안정증권, 금융채, 회사채 등 다양한 종류의 채권을 만기별·가격별로 거래할 수 있다.

자산 가격이 상승함으로써 생기는 수익률을 기대하고 투자하는 주식과 달리, 채권은 자산에 투자할 때 확정적으로 생기는 수익률을 기대하고 투자하는 경우가 대부분이다. 채권 투자는 수익성보다 안정성을 우위에 두지만 발행자의 재정 및 경영 상태 악화로 원리금을 상환할 수 없는 지급불능 위험, 즉 신용 위험도 있다. 위험이 증가하는 만큼 채권 수익률은 높아진다. 위험 수위를 높여 좀 더 과감하게 수익성을 추구할 수도 있다.

채권 투자도 전략을 세우면 수익률을 더 높일 수 있다. 채권은 만기까지 보유하고 투자하는 경우가 대부분이지만 장기 채권의 경우 대개 만기보다 보유 기간이 짧다. 최근 장기 채권이 많이 출시되고 있는데 만기까지 보유하지 않고 중간에 팔 경우 금리 변동으로 잘만 이용하면 투자수익률을 높일 수 있다.

장기 채권 투자수익률은 주식의 투자수익률과 유사한 개념이다. 보유 장기 채권을 만기 이전에 매각할 경우 생기는 수익은 그 기간의 이자(쿠폰)뿐만 아니라 매각으로 발생하는 자본이득이나 손실이 포함한다. 만일 보유 중인 장기 채권을 만기 전에 매각할 때 구입 때보다 채권 가격이 오르면, 즉 채권 수익률이 내리면 채권 투자자는 이익을 본다. 반면 채권 가격이 내리면, 즉 채권 수익률이 오르면 채권 투자자는 손해를 보게 된다. 따라서 장기 채권 투자는 이자율이 높아 앞으로 내릴 가능성이 클 때 사면 유리하다. 특히 금리 변동이 심한 시기에 잘만 하면 짧은 기간 동안 높은 수익률을 올릴 수 있다.

다양한 펀드를 통해서도 자신에게 적합한 투자를 모색할 수 있다. 펀드는 투자 분야가 다양하고 운용 스타일에 따라 수익과 위험이 달라지는데, 실제 펀드의 구체적인 내용을 잘 파악하고 자신에게 맞는 펀드를 고르는 사람은 많지 않다. 펀드는 수익률이 좋고 인기가 있느냐에 따라 선택할 것이 아니라 투자 성향과 위험 감수 수준을 고려해서 선택해야 한다.

펀드는 주식, 채권, 그리고 단기 금융 상품 등으로 구성된 것이 일반적이지만 최근에 와서는 투자 대상이 금융자산에서 벗어나 실물 자산으로 확대되면서 점점 다양해지고 있다. 실물 자산에 투자하는 펀드로는 선박에 투자하는 선박 펀드, 유전 개발에 투자하는 유전 개발 펀드가 대표적이며, 최근에는 한우에 투자하는 한우 펀드까지 등장하고 있다. 뿐만 아니라 투자 대상의 성격에 따라 이름 붙여진 펀드도 있다. 이에는 친환경, 사회 공헌 활동, 윤리 경영 등 사회적 성과를 거둔 기업에 투자하는 사회 책임투자 펀드(Socially Responsible Investment; SRI), 항만·철도 등 각종 사회간접자본 시설을 투자 대상으로 하는 인프라 펀드(Infra Fund) 등이 그것이다.

한편 부동산에 대한 애착이 강해 부동산에 투자하고 싶어도 자금이 부족해 포기하는 경우가 있을 것이다. 이때 부동산 펀드를 이용하면 된다. 부동산 펀드는 자산운용회사나 부동산투자관리회사가 부동산 개발 시행사에 대출해 주거나, 부동산 관련 상품에 투자한 뒤 그 수익금을 분배하는 상품이다. 보통 부동산 펀드의 투자수익률은 은행예금보다 높고 안정적이어서 수익률에 민감한 사람으로부터 주목을 받고 있다. 한편 부동산 펀드가 회사형으로 이루어졌을 때 이를 리츠(Reitz)라고 부른다.

뿐만 아니라 보험을 통해서도 투자를 할 수 있다. 최근 종신보험과 함께 변액보험이 저금리 상황에서 주목을 받고 있다. 변액보험은 나중에 받을 보험금이 가입할 때 이미 정해진 정액보험과는 달리 투자 실적에 따라 보험금과 해약환급금이 변동되는 보험이다. 즉, 보험회사가 보험료를 주식이나 채권에 투자하고 이로부터 얻는 수익에 따라 보험금의 액수가 달라지는 상품이다.

변액보험은 전문 설계사의 역량과 보험사의 마케팅 능력과 직결되어 있다. 운용 여하에 따라 보험금이 눈덩이처럼 불어날 수도, 휴지 조각이 되어 버릴 수도 있다. 또한 실적에 따라 보험금을 지급하는 상품이기 때문에 예금자 보호를 받지 못한다는 단점이 있다. 참고로 미국의 경우 변액보험 계약고가 전체 계약고의 30퍼센트 정도를 차지하고 있다.

이처럼 금융 투자에는 주식만 있는 것이 아닌데도 사람들 관심이 주식에만 머물러 있는 것이 안타깝다. 주식 투자는 어려운 분야인데다 개인이 시장을 이기기도 힘들다. 따라서 주식에서 벗어나 다양한 금융 상품으로 시야를 넓혀야 할 것이다. 치열한 수익률 게임에서 앞서기 위해서는 그만큼 노력해야 하고 공부해야 한다. 아는 것이 힘이고 아는 만큼 부(富)를 일구는 것이 현실이다.

글로벌
투자 시각을 가져라

경제 전문가 대부분은 향후 10년 동안 개인 자산에서 부동산이 차지하는 비율과 그 투자수익률까지도 감소할 것이라고 말한다. 정부의 규제와 금리 인상으로 부동산 투자가 더 이상 수익성 높은 투자가 되지 못할 뿐만 아니라, 노후 대비를 고려한 금융자산 확보의 필요성도 그 원인이라 하겠다.

이를 증명이라도 하듯 최근 부유층의 투자 패턴이 다양하고 공격적인 모습으로 바뀌었다. 그들은 기존의 부동산 중심 투자에서 벗어나 펀드를 비롯한 금융자산 투자에도 눈을 돌리고 있다. 이런 현상은 부유층에 국한되지 않고 사회 전반으로 퍼져나가고 있다. 그러면 우리나라에서 금융자산 수요는 앞으로 얼마만큼 늘어날 것인가? 간단한 계산으로 알아보자.

2010년 우리나라의 가구 수는 1,700만 호를 넘어서게 된다. 통계청 조사에 의거하여 2010년 국내 가구당 평균 자산을 3억 원 정도로 가정해보자. 만일 가구당 금융자산 비중이 50퍼센트 수준까지 높아진다면 가구당 1억 5,000만 원의 금융자산이 필요한 셈이다. 지금보다 약 1억 원의 금융자산이 더 있어야 한다는 의미다. 2010년 국내 가구 수를 1,700만 가구라고 추정하면 국가 전체적으로 1,700조 원에 달하는 금융자산 수요가 생긴다고 볼 수 있다. 이는 2007년 6월 말 현재, 우리나라 가계가 가지고 있는 총 금융자산인 1,646조 원 이상이나 더 필요하다는 말이다. 단순한 예에 불과하지만 앞으로 금융자산 수요가 급증하리라는 것을 예상할 수 있는 대목이다.

금융자산 수요의 증가는 곧 국내 금융자산 가격의 상승을 유도한다. 이는 수요자가 기대하는 수익률이 국내시장만으로는 보장되지 않는다는 뜻이다. 개인 투자자들이 수년 전부터 해외 자산 투자에 열을 올리는 이유는 바로 여기에 있다.

2007년 말 모 언론사와 증권사의 조사에 따르면, 투자자의 43.8퍼센트가 해외투자 자산이 있다고 응답했다. 이 가운데 77.3퍼센트가 해외투자를 한 지 1년이 채 되지 않는다고 밝혔다. 특히 해외 펀드의 경우 지난 2007년 6월 해외투자 펀드에 대한 조세특례가 시행된 후에는 수탁고가 지속적으로 증가하고 있다. 2007년 여름 미국의 서브프라임 모기지 사태로 주식시장이 매우 불안할 때, 국내 주식형 펀드로의 자금 유입은 잠시 주춤했지만 해외 펀드 투자는 지속적으로 늘어났다. 전체 주식형 펀드에서 해외 주식형 펀드의 비중은 2006년 말 14퍼센트에서 2007년 말에는 43퍼센트 수준으로 증가했다.

이렇게 해외 펀드가 빠르게 증가하는 이유는 무엇보다도 성장률이 높은 국가의 펀드에 투자해야 수익률도 높아지기 때문이다. 세계 각국은 기업 성장률과 그 수익률이 각기 다르다. 예컨대 BRICs(브라질, 러시아, 중국, 인도)나 베트남, 동유럽과 같은 나라들은 고도의 경제 성장을 하고 있다. 이에 따라 이들 나라의 기업 수익성은 매우 높을 수밖에 없다. 오일 달러, 아시아 중앙은행, 헤지 펀드, 사모 펀드 등 최근 자산 규모가 급증한 소위 '4대 신흥 세력'은 수익을 추구하는 속성상 이들 국가에 투자를 증가시키고 있다. 최근 몇 년 동안 중국 주식이 폭발적인 성장세를 보였던 이유도 바로 이 때문이다.

글로벌 경제가 함께 움직이는 추세이지만 선진국 간에도 성장률 차이는 크다. 예컨대 미국은 9·11테러, 아프칸 전쟁, 이라크 전쟁 등으로 경상수지와 재정수지 모두 적자인 소위 '쌍둥이 적자'로 고통 받고 있다. 게다가 서브프라임 부실의 확대로 경제의 기초 체력이 약화되고 있다. 따라서 당분간 성장률이 크게 떨어질 가능성이 높다. 반면 영국은 '늙은 제국'이라는 딱지를 떼고 금융 강국의 입지를 굳히면서 꾸준한 성장세를 지속하고 있다.

현재보다 미래에 투자해야

해외 펀드에 투자할 경우 반드시 주의해야 할 점이 두 가지 있다. 첫째, 현재보다 미래를 보고 투자해야 한다. 특히 신흥개발국의 경우가 더욱 그러하다. 예컨대 중국은 지금까지 고성장을 지속하면서 주식시장도 급성장시켰다. 그렇지만 앞으로도 그러리라는 보장은 없다. 즉, 2008년 베이징 올림픽을 정점으로 그 성장세가 급격히 둔화될 가능성도 생각해야 한다. 1988년 서울 올림픽과 1964년 도쿄 올림픽을 개최한 한국과 일본 모두 올림픽 개최 이전에는 고성장을 유지했으나, 개최 이후에는 급격히 하락하는 모습을 보였기 때문이다.

우리와 일본의 경험에 비추어볼 때 중국도 올림픽 이후 고정자산 투자 증가세가 떨어질 가능성이 높다. 중국의 최근 고정자산 투자 증가율은 약 25퍼센트 내외를 기록 중인데, 이 중 상당 부분을 올림픽 개최와 상해 박람회와 관련된 투자, 서부 대개발 관련 SOC 투자 등의 건설투자가 차지하고 있다. 또한 우리나라와 일본은 올림픽 개최 전 높아진 통화 증가율이 개최 이후 크게 떨어지면서 큰 고통을 겪었다. 최근 중국 역시 막대한 무역수지 흑자와 외국인의 투자 자금 유입으로 통화 증가율은 높아졌으나, 중국 정부가 과잉유동성 문제를 해결하지 못하고 있어 올림픽 이후에는 통화 증가율의 급격한 둔화가 예상된다. 중국 투자가 앞으로도 높은 수익을 보장할지 여부는 두고 봐야 되겠지만 어쨌든 해외투자는 미래를 보고 신중히 투자해야 한다.

둘째, 해외 펀드나 자산에 투자할 때는 환율의 움직임에 유의해야 한다. 국내 펀드의 경우 대부분 국내 채권이나 주식에 투자되기 때문에 다른 나라 통화로 바꾸지 않고 원화로 투자하게 된다. 환매 시점에서 수익이 15퍼센트라면 이는 환매 수수료와 세금을 고려치 않은 확정 수익을 말한다. 하지만 해외 펀드는 투자자산이 해외에 있는 주식이나 채권이므로 원화 투자가 불가능하고, 결국 달러화로 바꾸어서 투자를 해야 한다.

문제는 여기서 발생한다. 투자에서 수익이 나더라도 환율에서 손해를 볼 수 있기 때문이다. 즉, 해외 자산을 샀을 때보다 환율이 많이 하락한다면(원화 가치가 상승한다면) 어느 정도 수익을 남기고 팔더라도 다시 원화로 바꾸는 과정에서 손해를 보는 경우가 발생한다. 따라서 환율이 안정권에 머물거나 상승할 것이라는 판단이 서지 않는다면 더욱 신중한 투자를 요하는 것이 바로 해외 펀드다. 이런 환위험을 방지하기 위하여 대개 해외 펀드 투자 시 투자 원금에 확정 환율을 지정해 놓는 방식의 환 헤지(hedge)를 하게 되는 것이다. 해외투자 펀드이지만 간혹 원화 펀드로 소개되는 경우가 이에 해당된다. 해외 펀드 투자자들은 펀드를 환매할 때 당초 계약된 환율에 따라 돈을 돌려받게 되는데, 이러한 환 헤지 비용 때문에 실제 수익률은 생각보다 떨어지게 마련이다.

기본적으로 해외 펀드 투자는 그 나라의 성장성에 투자하는 것이며 그 나라의 화폐가치 역시 경제와 함께 성장하게 된다. 투자국 통화가치의 하락이 해당 국가의 경기 부진 전망에서 비롯되었다면 해당 지역 주식 펀드의 수익률 또한 높지 않을 것이다. 따라서 해외투자 시 무엇보다 투자국의 환율 움직임에 주목할 필요가 있다.

이제 해외 펀드 투자는 국내 적립식 펀드 투자 붐에 이은 '제2의 자산 혁명'이 아닐 수 없다. 국내 주식에만 투자했을 경우 수익률 리스크뿐만 아니라 국내 금융시장 혼란 가능성 또는 지정학적 리스크 등으로 큰 손실을 볼 수도 있다. 이는 해외투자를 통해 극복해야 한다. 그러나 해외 국가의 정치나 경제 상황을 국내에서는 정확히 파악하기 어렵기 때문에, 국내 펀드와 적절히 분배하여 투자하는 것이 리스크를 최소화하는 방법이라 하겠다.

금융시장을 읽어라

대개의 사람들은 주식 투자가 상당히 어렵다고 생각한다. 물론 맞는 말이다. 어느 누구도 주가의 움직임을 정확하게 예측할 수 없기 때문이다. 덧붙여 금융시장을 제대로 이해하지 못하고 잘못된 투자를 하는 것도 또 다른 이유가 될 것이다. 그러므로 올바른 주식 투자를 하려면 금융시장을 이해하고 정보를 읽을 줄 알아야 한다.

금융시장(financial market)은 경제생활을 구성하는 다양한 시장 중에서 자금의 수요와 공급을 통해 금융 행위가 이루어지는 장소를 말한다. 금융시장은 말 그대로 금융 행위가 이루어지는 물리적 시장뿐만 아니라 금융 행위가 발생할 수 있는 가상공간을 모두 포함한다. 만일 현대 생활에서 금융시장이 존재하지 않는다면 어떻게 될까?

아마 사회 전체의 생산성 및 효율성이 떨어지고 금융 생활은 상상할 수 없을 정도로 불편해질 것이다.

금융시장 내에는 소득이 지출을 초과하여 잉여자본을 축적하는 자금 공급자가 있으며, 이들은 저축자 또는 대출자의 입장에서 항상 새로운 투자처를 찾고 있다. 반대로 소득이 지출보다 적은 자금 수요자도 있는데, 이들은 투자자 또는 차입자에 해당하며 좋은 투자 기회를 가진 반면 자본이 항상 부족하다. 금융시장은 이러한 잉여자본을 보유하는 있는 저축자(공급)와 투자 기회를 가지고 있는 투자자(수요)를 서로 연결해 준다. 금융시장이 상대방에 대한 다양한 정보를 획득할 기회를 줌으로써 정보비용을 낮출 수 있기 때문이다.

금융시장에는 은행, 비은행 예금 취급기관, 증권회사, 자산운용회사, 보험회사, 기타 다양한 금융기관들이 활동하고 있다. 이들 금융기관들은 정보력이나 판단력에서 일반인들보다 훨씬 우수한 전문가 집단을 보유하고 있다. 금융기관 간의 거래에서 형성되는 각종 금리·환율 등의 지표에는 다양한 정보가 들어있다. 이러한 정보를 잘 읽으면 투자의 길이 보인다.

금리 속에 투자의 길이 있다

금융시장에서 대표적으로 통용되는 지표가 금리이다. 금리란 자금 수요자가 자금 공급자에게서 자금을 빌리고 그 대가로 지급하는 가격을 의미한다. 고대사회로부터 사용된 금리는 자본주의 경제체제가 자리를 잡아가면서 현재 모든 금융 생활에서 가장 기본적 요소가 되었다.

역사상 이자에 대한 최초 기록은 기원전 3세기경에 등장했는데, 당시 은과 보리를 빌리는 대가로 지불한 이자는 각각 연 33.3퍼센트와 20퍼센트였다. 그리스·로마 시대에는 돈을 빌려 주고 이자를 받는 행위를 도덕적으로 좋지 않게 생각했으며, 특히 중세에 들어와서는 이자를 주고받는 것 자체를 죄악시하여 교회법으로 엄격히 금지했다. 그 후 종교개혁과 함께 이자 금지 제도가 완화되기 시작하였으며, 점차 자본주의 경제체제가 확립되면서 금리는 금융 생활에 가장 기본적 요소로 정착되었다.

우리나라도 옛날 농촌에서는 봄에 씨앗을 빌려 주었다가 가을에 이자를 붙여 되돌려 받는 경우가 많았는데, 이도 일종의 금리 개념으로 볼 수 있다.

흔히 일반인들은 금리라고 하면 막연하게 은행의 예금이자를 먼저 떠올린다. 하지만 사실 금리는 시장 금리와 대고객 금리로 구분된다. 시장 금리는 국고채 수익률·회사채 수익률 등과 같이 다수의 거래 당사자가 참가하는 공개시장에서 수요와 공급에 의해 형성되는 금리를 말하며, 일반적으로 경제 및 금융시장 상황을 매우 민감하게 반영한다. 외환위기 이후 국채시장의 활성화로 국채가 채권시장에서 중심적 역할을 하면서, 2000년 5월부터 국채 수익률(3년 만기 국고채 유통 수익률)이 기존의 회사채 수익률(3년 만기 A+)을 대신하여 지표 금리로 사용되고 있다. 이에 비해 대고객 금리는 예금금리나 대출금리 등 금융기관과 고객 간의 계약에 의해 형성되는 금리로, 금융기관이 시장 금리의 변화와 금융기관의 경영 상황을 반영하여 자율적으로 결정한다. 보통 대출금리가 예금금리보다 높으며 그 차이는 예대(預貸) 마진이라 한다.

시장에서 결정되는 시장 금리의 변동 메커니즘은 매우 복잡하다. 대표적인 시장 금리인 회사채나 국채 등 장기 채권의 수익률은 국내외의 경제 상황 및 정책 변화에 크게 영향을 받는다. 예컨대 한국은행의 통화정책에 의한 단기금리(콜금리 등) 변화는 일정한 시차를 두고 장기금리에 영향을 미친다. 또한 장기적으로는 물가 상승과 경제 성장을 통해서도 영향을 받는다. 뿐만 아니라 단기적으로는 시중 자금 사정, 채권시장 수급, 경제지표 발표 등에 의해서도 시시각각으로 변한다. 이처럼 매우 복잡한 과정을 통해 결정되는 금리의 움직임을 채권 분석가나 전문 딜러가 아닌 일반인으로서는 사실상 쫓아가기 힘들다.

한편 시장 금리 변화는 금융 소비자의 예금 및 대출금리를 변화시킬 뿐만 아니라 국가 경제에도 커다란 영향을 미친다. 일반적으로 금리가 내려가면 기업이나 가계의 이자 부담이 줄어 투자가 활성화되고 소비가 증대되면서 경기는 호전된다. 반면 금리가 올라가면 그

반대의 결과가 나타난다. 이 때문에 각국의 금융시장은 금리 변화에 매우 민감하게 반응한다. 특히 글로벌 경제체제에서 세계 최대 경제 대국인 미국의 금리 변화는 미국뿐만 아니라 세계경제에 영향을 준다. 세계 주식시장은 미국 연준(FRB)의 금리 인하에 매우 민감하게 반응하고 있으며, 연준 의장의 말 한 마디에 시장이 출렁인다.

시장 금리에는 놀라운 정보가 숨어 있다. 즉, 위험 채권 수익률과 무위험 채권 수익률 간의 차이인 위험 스프레드(risk spread)를 통해 금융시장을 읽을 수 있는 것이다. 일반적으로 위험 스프레드는 경제가 침체 상태에 빠지거나 위기가 고조될수록, 위험 채권의 수요 감소 때문에 높아진다. 무위험 채권인 국채와 상당히 우량하다고 여겨지는 회사채(AA- 등급) 간의 수익률 차이도 경제 상황에 민감하게 반응한다. 그림에서 보듯이 외환위기 이후의 대우 및 현대 사태, 미 9·11테러, 신용카드 사태 등으로 경제적 위기가 닥쳤을 때 위험 스프레드가 상당히 올랐음을 확인할 수 있다. 또한 2007년 하반기 이후 미 서브프라임 모기지 문제로 위험 스프레드가 조금씩 상승하였다. 이러한 상승세는 2008년 2월까지 지속되다가 이후 미 정책 당국의 강력한 안정 대책에 힘입어 하락세로 돌아서고 있다. 따라서 금리를 읽으면 금융시장이 보이고, 정확한 투자 판단을 할 수 있다.

금리 위험 스프레드는 하나의 예에 지나지 않는다. 금융시장에는 이밖에도 우리가 모르는 정보가 수없이 많다. 금융시장을 제대로 읽으면 읽을수록 투자가 그만큼 쉬워지고 두려움을 극복할 수 있게 된

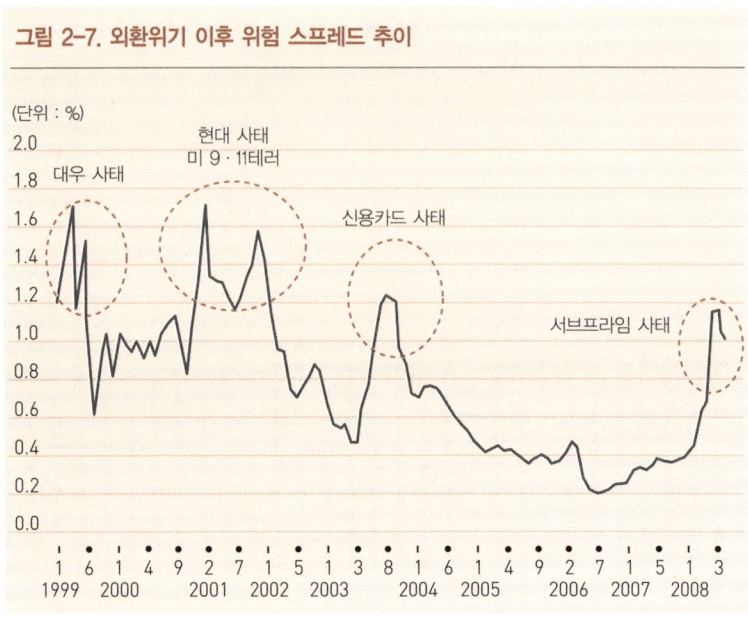

그림 2-7. 외환위기 이후 위험 스프레드 추이

(단위 : %)

대우 사태
현대 사태
미 9·11테러
신용카드 사태
서브프라임 사태

자료 : 한국은행

다. 이는 굳이 직접투자에만 국한되는 것이 아니다. 직접투자의 경우 일반 투자자들이 파악하기 어려운 여러 변수들로 인해 주가 예측이 매우 어렵다. 그래서 개인들은 전문가 집단과의 경쟁에서 항상 열위에 놓이게 된다.

반면 간접투자는 투자신탁운용회사나 자산운용회사에서 설정한 펀드에 간접적으로 투자하는 방법이다. 간접투자의 경우 전문가 집단(analyst 및 투자 전략가)을 보유하고, 위험관리 시스템이 구축되어 있어 직접투자보다 신경 쓸 일이 적으며, 대규모 자금으로 수십 종목의 주식과 채권에 분산투자하므로 투자 위험을 줄일 수 있다.

따라서 일반 투자자들은 가급적이면 직접투자보다 펀드를 통한 간접투자에 전념해야 하지만, 간접투자의 경우에도 성공하려면 금융시장을 읽을 수 있어야 한다. 이제 자신만의 투자 철학을 지니기 위해서는 경제신문까지는 아니더라도 일간지 경제 면은 꼼꼼히 읽어야 한다. 금융 지식을 쌓을 수 있는 서적이나 강좌 등에도 관심을 가져야 한다. 이렇게 스스로 투자에 대한 공부를 하면 손실을 입거나 실패할 확률을 줄이게 될 것이다.

3장

건강한 부의 형성과 관리

가계도 구조조정이
필요하다

우리가 외환위기를 겪었던 이유 중 하나는 경제 내부에 누적된 불합리한 점들이 외부 충격에 견디지 못했기 때문이다. 당시 위험에 처한 기업들과 금융기관들은 불필요한 자산을 팔아 부채를 갚고 강도 높은 구조조정을 단행했다. 이런 아픔 덕분에 수익성과 건전성이 크게 개선되어 이젠 웬만한 충격도 흡수하면서 튼튼한 성장을 지속하고 있다.

현재 우리나라 기업들의 수익성은 경기와 관계없이 꾸준히 향상되고 있으며, 재무 건전성은 선진국 수준을 넘어선 상태다. 그 결과 국내 기업들은 장기간의 경기 침체에도 불구하고 기업 가치가 높아지고 주가가 꾸준히 상승하는 모습을 보이고 있다. 2007년 고유가와 원화 강세 지속 등으로 경영 환경이 그리 좋지 않은 상황에서도, 조선·철강·금속 업종에서 호전을 보인 것은 강도 높은 (또는 뼈를 깎는) 구조조정의 결과 외에는 달리 설명할 길이 없다.

이제 가계에도 이러한 구조조정이 절실히 필요한 상황이다. 앞서 말했듯이 우리나라 가계 빚은 2007년 말 현재 630조 원을 넘어섰다. 가구당 약 4,000만 원의 빚을 지고 있는 셈이다. 주택담보대출 잔액은 이미 감당할 수 없을 만큼 늘어난 상태다. 여러 정황으로 보아 주택 대출금리는 단기적으로는 오르락내리락하겠지만, 장기적으로 상승세를 지속할 것으로 보여 가계의 이자 부담은 계속 증가할 것이다. 물론 무리한 대출 경쟁을 펼쳐온 금융기관과 이를 방관한 감독기관에도 책임이 있을 것이다. 하지만 1~2년 뒤의 금리도 예측하기 어려운 상황에서 별다른 상환 계획 없이 20~30년의 장기 대출을 받는 개인들이 더 큰 문제다.

수많은 사람들이 무리하게 대출을 받아 아파트를 마련했다. 대출을 받을 당시에는 아파트 가격의 상승률이 만만치 않아 단번에 대출금을 해결할 수 있으리라 생각했을 것이다. 그러나 생활비를 줄여가며 이자를 지불했지만 오른 것은 아파트 가격이 아닌 은행의 대출금리다. 일반적으로 주택담보대출액이 연간 소득의 3배를 넘어서면 극히 위험하다고 알려져 있는데도 이를 무시한 것이다.

금융감독원이 2007년 말 기준으로 주택담보대출 상환 방식을 분석한 결과를 보면, '원금일시상환' 방식이 2003년 말 86퍼센트에서

40.8퍼센트로 크게 줄었음을 알 수 있다. '원금분할상환' 방식이 비록 증가하고 있는 추세이지만 이중 88퍼센트가 3년 정도의 거치기간을 지닌 거치식 대출이다. 2006년 이후 분할 상환이 크게 늘어난 점을 고려하면 불과 1~2년 후면 본격적으로 원금을 갚아나가야 할 것으로 보인다. 하지만 대다수 대출자가 만기가 돌아와도 원금을 갚지 못해 대출을 연장하고 있으며, 이에 따라 주택담보대출 잔액이 갈수록 누적되고 있다.

현재 우리 가계의 재무 상태는 언제든지 위험에 빠질 수 있는 구조이다. 전문가들은 주택 가격 하락과 경기 침체가 나타나면 대출 원금을 상환하지 못하는 가계가 급증하고, 금융 시스템마저 크게 불안해질 것으로 내다보고 있다. 그림에서 보듯이 집값이 급등하면서 주택담보대출 역시 급등하여, 실물 자산 가치가 높아진 만큼 개인의 부채 역시 급증했다. 이러다 보니 자산과 부채가 유동성 면에서 불균형을 이룰 수밖에 없다. 즉, 가계의 재무구조는 유동성 면에서 자산과 부채의 불일치(mis-match) 현상을 보이고 있다는 말이다. 대부분의 가계 부채는 만기가 한정된 단기성 주택담보대출 형식이며, 주택금융공사의 장기 모기지론의 경우 아직 그 비중은 낮다. 반면 주택담보대출에 크게 의존한 사람의 자산은 유동성이 낮은 실물 자산이 대부분이다. 비탄력적인 부동산의 경우 가격이 급락하면 매물을 내놓아도 팔리지 않는 특성을 지니고 있다.

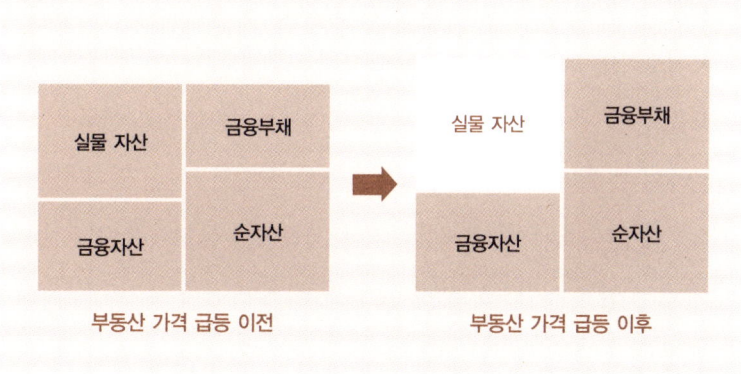

그림 2-8. 주택 가격 급등 이후의 개인 자산/부채 구조 변화

실물 자산　　금융부채

금융자산　　순자산

부동산 가격 급등 이전

실물 자산　　금융부채

금융자산　　순자산

부동산 가격 급등 이후

　이러한 상황에서 만일 부동산 가격이 급락할 경우, 실물 자산이 매각되지 않는 상황이 유발되면서 가계들은 부채를 상환하기 위해 우선적으로 금융자산부터 매각하게 된다. 이때 부채 비율이 높은 사람의 경우 개인 파산 상태로 빠질 가능성도 있다. 또한 금융자산을 서둘러 매각하는 가운데 금융시장의 혼란과 금융자산의 가격 하락이 초래될 가능성도 배제할 수 없다. 부채가 크지 않은 사람들도 개인의 순자산 가치가 축소되면서 負의 자산 효과(Wealth Effect)에 맞닥뜨리게 된다. 소비는 더욱 위축되고 소비 감소는 다시 기업들의 수익성을 떨어뜨리게 된다. 경쟁적으로 대출한 금융기관도 함께 어려움에 빠지면서 신용 공급을 더욱 위축시킬 가능성도 있다.

시급한 가계 자산 포트폴리오 재구성

이대로라면 고령화 사회에 대비하기 힘들다. 따라서 가계도 구조 조정을 통해 만일의 충격에 대비해야 한다. 먼저 가계 재무구조를 개선하여 불필요한 부채부터 정리할 필요가 있다. 물론 임대 사업을 목적으로 집을 2채 이상 보유하거나 자식에게 물려줄 목적으로 집을 가지고 있는 사람들도 있을 것이다. 하지만 큰 평수의 집이 재산의 전부라면 노후 생활을 대비하여 적당한 평수로 옮기는 구조조정이 절실하다. 이렇게 해서 생긴 여유 자금으로 악성 부채나 불필요한 대출을 정리하고 금융자산을 증가시키는 등 자신의 포트폴리오를 재조정해야 한다.

금융자산의 경우 목적이 분명하지 않은 자산은 과감하게 줄이는 한편 중장기적으로 투자할 자산과 긴요할 때 쓸 수 있는 단기 자산으로 적절히 구분해 두어야 한다. 금융 상품을 선택할 때도 주택 구입, 노후 생활 자금 마련, 자녀의 교육 자금 마련, 목돈 마련 등 미래 자금 사용의 목적을 고려해야 한다.

보험의 경우도 마찬가지다. 보험은 비용을 지불하는 대가로 '안심'이라는 효용을 얻는 경제 수단이지만 반드시 많다고 좋은 것은 아니다. 모든 일이 그렇듯이 비용과 혜택 사이에 적절한 균형이 필요하다. 즉, 보험을 구입하는 데 발생하는 비용과 보험에서 얻어지는 혜택이 균형을 이룰 만큼만 보험에 가입하는 것이 현명하다. 현실적으로 우리나라에서는 안면을 통한 보험 가입이 많다 보니 불필요하게 여러 보험에 가입하는 사례가 많다. 대개 납입한 보험료가 아까워서 보험을 해지하지 못한다. 필요 없는 보험은 빨리 해지하고 대신 자신의 노후와 생활에 맞는 보험에 재가입해야 할 것이다.

한편 가계의 구조조정은 경제적인 면에만 국한되는 것이 아니다. 제2의 직업을 구하는 것 역시 가계의 구조조정으로 볼 수 있다. 비록 급여가 낮다고 해도 제2의 직업은 자신이 좋아하는 것, 봉사의 마음가짐으로 할 수 있는 것을 택해야 한다. 이를 통해 일정 수입을 벌어들이고 자신의 꿈도 실현할 수 있기 때문이다.

이제는 가계도 하나의 주식회사로 보자. 그러면 구조조정을 해야 할 이유가 금방 이해될 것이다. 구조조정을 단행한 기업이나 금융기관들은 먼저 불필요한 자산과 지출부터 줄이고 수익성을 추구했다. 가계도 부채가 자산보다 많은지, 지출이 수입보다 많은지, 대출금의 원리 상환이 연체되고 있는지를 살펴 구조조정을 해야 할 것이다. 기업이나 금융기관이 구조조정을 하지 못해 도산에 이른 것처럼 가계도 구조조정을 제때 이루지 못하면 역시 어려움에 처할 수 있다. 현재 개인 파산이 급속도로 늘고 있는 현실이 이를 증명하고 있다. 부실한 가계를 원상 복구하는 데는 많은 시간과 고통이 따른다. 따라서 부실이 발생하기 전에 가계 재무 상황을 정확히 파악하는 지혜가 필요하다.

분수껏 소비하기

예전 우리나라 국민들은 대체로 빚이 적었다. 또한 절약은 미덕이었고 지나친 소비는 비난의 대상이었다. 그러나 국민소득이 높아지고 여러 국제적인 행사를 치르며 해외여행을 자유로이 하면서 점차 소비가 늘어났다. 외환위기 이후 국민들의 소비 행태는 이전과는 완전히 달라졌다. 즉, 임금 격차의 확대, 자산 가격의 급등, 기업 스톡옵션의 확대 등으로 계층간 소득 불균형이 심화되었고 소비의 양극화 현상이 급격히 진행된 것이다.

대표적인 예로 자동차 시장을 들 수 있다. 경기 불황에도 소비자들은 소형차보다 중대형차 및 외제차를 선호하기 시작했다. 한때는 고급 외제차가 히트상품으로 뽑히기도 했다. 자동차뿐만 아니라 골프 용구, 위스키, 고급 의류 등 수입 명품도 소비가 급증하고 있다.

최근 부유층들은 직접 해외로 나가 해외 관광, 골프 투어, 명품 구입 등을 즐기고 있다. 한국은행에 따르면 2007년 거주자의 해외 소비지출 증가율이 2~3퍼센트 수준의 국내 소비지출 증가율보다 무려 6~7배가 높다고 한다. 한국관광공사에 따르면 2004년 이후 출국자 수는 매년 100만 명 이상 급증하는 추세다. 해외 관광 지출도 2003년 82억 5,000만 달러에서 불과 3년 만에 137억 8,000만 달러로 급증했다. 이에 따라 신용카드 해외 사용 실적도 최근 연 30퍼센트 가까운 급증세를 나타내고 있다.

한국은행에 따르면 국내 거주자 1인당 해외 신용카드 사용액은 2004년 이후 빠르게 증가하여 2007년에는 719달러를 기록했다. 반면 비거주자 1인당 국내에 들어와서 쓰는 신용카드 사용액은 오히려 감소해 2007년 451달러에 그쳤다. 한국 사람들이 유난히 현금을 많이 사용한다는 점을 고려하면 거주자의 해외 소비가 과소평가되었다고 할 수 있다. 그만큼 해외 소비가 최근 급증한다는 뜻이다.

소비 양극화 현상이 하나의 사회적 트렌드(추세)일 수가 있지만 국가 차원에서의 소비 양극화는 국내 산업의 균형 발전을 저해한다. 즉, 소비 양극화가 심화될수록 고급품·사치품·외제품을 제조하거나 유통하는 산업은 호황을 누리지만, 그렇지 못한 산업은 침체에 빠지게 되는 것이다.

뿐만 아니라 소비 양극화는 소비자들의 소비 행태까지 변화시켜

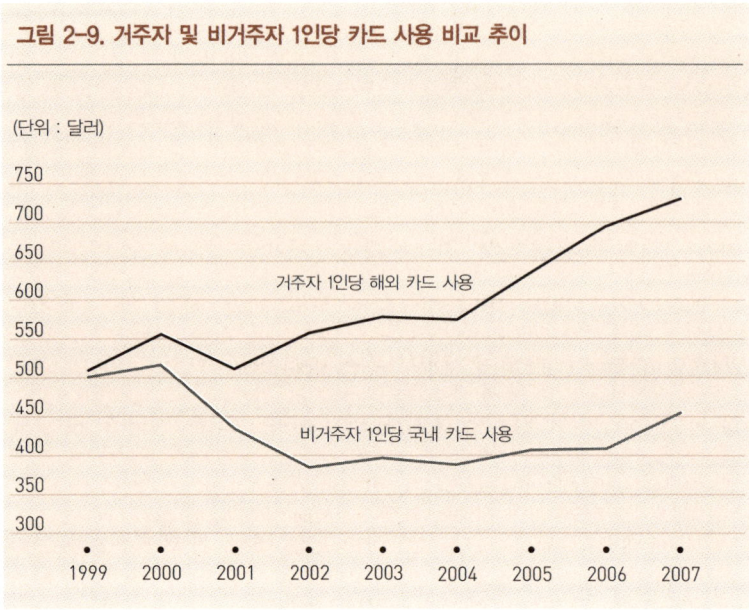

그림 2-9. 거주자 및 비거주자 1인당 카드 사용 비교 추이

(단위 : 달러)

거주자 1인당 해외 카드 사용

비거주자 1인당 국내 카드 사용

자료 : 한국은행

과소비를 조장한다. 최근 한 민간 연구소가 국내 소비자들의 소비 성향을 조사한 바에 의하면, 부유층은 물론 서민들까지도 명품 소비를 선호하고 있다. 소득수준에 맞지 않게 중대형차를 몰거나 골프를 치는 등 과소비를 일삼고 있는 것이다.

급증하는 신 화이트칼라 빈곤층

요즘 우리나라에는 '신 화이트칼라 빈곤층'이 급격히 증가하는 추세다. 신 화이트칼라 빈곤층이란 평균 이상의 고소득을 올리는 사람들이지만, 과도한 부채 탓에 삶의 질이 떨어져 빚으로 생활하는 계층을 말한다. 이들은 외환위기 이후 나타난 '신 빈곤층' 과는 다르다. 신 빈곤층이 고용 불안과 구조조정 등에 의해 중산층에서 빈곤층으로 떨어진 계층이라면, 신 화이트칼라 빈곤층은 겉보기에는 중산층의 모습을 유지하지만 예상치 못한 불행을 만난다면 당장 하층민으로 전락하는 잠재적 신 빈곤층을 말한다.

이들 중에는 변호사, 의사, 회계사, 대기업 간부 등 사회적으로 인정받는 직업을 가진 사람들이 많다. 이들은 대개 신용카드나 마이너스통장 대출로 생활을 유지한다. 또 급여의 절반 이상이 대출이자와 신용카드 대금, 그리고 각종 세금 등에 충당된다.

고소득층일수록 사회적 소비수준의 영향으로 과소비를 하는 경향이 있으며, 또 한번 늘어난 소비는 쉽게 줄이지 못한다. 이들은 주택구입비, 자동차 유지비, 사교육비, 경조사비가 일반인들에 비해 훨씬 높다. 그러나 높은 소득에도 불구하고 부채가 많아 삶은 언제나 위태하기만 하다.

단순히 남들보다 뒤처지지 않기 위해 과소비를 한다면 지금이라도 심각하게 반성해야 한다. 자칫 인생을 망칠 수 있기 때문이다. KBS에서 매주 방영하는 '부부클리닉─사랑과 전쟁' 이라는 드라마에서 방영한 내용이다. 주인공은 맞벌이 부부였다. 이들은 열심히 일해 비록 은행 대출을 받기는 했지만 아파트도 장만했고 아이들도 남부럽지 않게 키웠다. 점점 여유가 생기면서 주말이면 교외로 여행을 가고 외식도 자주 했다. 옷차림도 달라져 과거 후줄근한 복장에서 명품으로 바뀌었다. 누가 봐도 부러운 부부였다. 그런데 남편이 정리 해고를 당하면서 문제가 발생했다. 재취업은 쉽게 되지 않았다. 작은 회사에 취직이 됐지만 과거 자신이 받던 급여의 절반에도 못 미치자 금방 그만두었다. 하지만 소비생활은 전혀 변하지 않았다. 그나마 남편은 아파트 평수도 줄이고 차도 한 대 팔자고 했지만 이미 과소비에 물든 부인은 반대했다. 아파트 가격이 올랐으니 대출을 받아서 생활을 유지하면 되지 않겠냐는 것이다. 빚이 점점 늘면서 부부 싸움이 잦아졌고 두 사람은 결국 이혼 법정에까지 서게 된다. 과장된 면이 있을지는 몰라도 우리 주변에서 일어날 수 있는 현실이다.

아무리 돈을 많이 벌어도 소비가 지나치면 빚을 지게 마련이다. 그러므로 자신의 능력을 넘어서는 소비생활을 한다면 반드시 점검해야 한다. 소비생활은 습관과 같아서 단숨에 고치기는 힘들지만 불필요한 지출을 줄이고 건전한 소비생활에 익숙해지도록 스스로 노력해야 한다. 이와 더불어 과잉 채무도 항상 경계해야 할 것이다.

현재 가장 위험에 노출된 계층은 아마 40~50대 중산층이 아닐까 싶다. 이들이 은퇴 시기가 다가옴에도 불구하고 과거 소비수준을 계속 유지한다면 위험에 빠질 수도 있기 때문이다. 과거에 여유로운 생활을 즐겼지만 이제는 줄일 필요가 있다. 부자는 절대 과소비를 하지 않는다는 점을 명심하면서 앞으로의 삶을 구상하면 좋을 것이다.

유형의 보험으로
불확실한 미래를 대비하라

우리는 일생을 살아가면서 참으로 많은 일들을 경험하게 된다. 특히 예기치 않은 사고나 위험은 개인과 가계에 심각한 경제적 손실을 끼치고 나아가 가족 전체의 삶까지 위협한다. 따라서 각 가계는 위험 상황을 확인하고 이를 적절히 관리할 수 있는 방법을 모색해야 한다.

한편 예전 부모 세대에는 자식의 교육과 결혼 등에 부모가 헌신하는 것이 당연한 일이었다. 하지만 그러한 전통적 가족관은 점차 소멸되고 있다. 여러 가지 이유가 있지만 대가족에서 핵가족으로 분화되고 또 이혼에 따른 1인 가구의 증가를 먼저 꼽아야 할 것이다. 그결과 '무형의 보험' 쯤으로 여겼던 자식 또는 가족이라는 자산이 빠르게 소멸되고 있는 것이다.

이런 사회 변화에 따라 노부부 단독 가구와 독거노인들이 많아졌다. 실제로 통계청의 고령자 통계에 따르면, 2005년 노인 100명 중 29명은 1세대 가구에 거주하고 16명은 혼자 생활하고 있다. 즉, 45퍼센트에 이르는 노인이 노인끼리 살거나 혼자 살고 있다는 것이다. 이들은 금융자산이 없을 경우 친척이나 가족에게 경제적 도움을 받아야 한다. 하지만 주변으로부터 도움을 받지 못하는 노인들이 많은 게 현실이다. 이런 노인들은 의식주를 스스로 해결해야 한다.

노인 가구주 전체에서 자녀에게서 부모로 옮겨가는 사적 이전소득(용돈 등) 비율은 1996년 62.9퍼센트에서 2006년 45.7퍼센트로 줄었다. 월평균 사적 이전소득액도 같은 기간 18만 1,000원에서 6만 3,000원으로 감소했다. 다만 국민연금과 같은 공적 연금의 비중은 전체적으로 증가했다. 특히 상위 20퍼센트에서 공적 연금 비중이 11배 이상 증가해 상위 계층 소득 상승에 영향을 미친 것으로 나타났다.

노인 가구주 평균 소득은 늘어났으나 하위 계층 노인 가구주 소득은 도리어 줄어 심각한 양극화 현상을 보이고 있다. 노인 가구주 소득 격차가 크게 벌어진 원인은 하위 계층이 크게 의존하는 근로 및 사업소득과 사적 이전소득이 감소했기 때문이다. 예컨대 노인 가구주 가운데 하위 20퍼센트의 경우, 1996년에는 전체 소득의 25.6퍼센트가 근로 및 사업소득이었던 것이 2006년에는 11.6퍼센트로 준 것이다. 또한 하위 20퍼센트의 사적 이전소득은 1996년에는 전체 소득의 45.5퍼센트였으나 2006년에는 16.2퍼센트로 크게 줄었다. 특히 월평균 사적 이전금액은 23만원에서 3만 4,000원으로 크게 감소했고, 사적 이전 수혜 가구 수 자체도 줄었다.

이처럼 노인 가구주 소득 격차 속도가 전체 가구보다 더욱 심각해지고 있기 때문에, 노령자에게 소득과 주택이 보장되고 의료보험 혜택 등이 시급히 주어져야 한다. 하지만 현실은 그렇지 못하기 때문에 개인도 이제 무형의 보험에 대한 미련을 버리고 스스로 미래를 준비해야 한다. 자신의 리스크를 관리하기 위해 무엇보다 보험에 관심을 가져야 한다. 즉, '유형의 보험'이 필요한 시대가 된 것이다.

보험이란 사망·장애·질병·화재·자동차 사고 등 높은 위험으로부터 발생할 손실을 저렴한 비용으로 보험회사에 이전하는 위험 관리 방법이다. 우리나라 전통 관습인 두레와 유사한 제도다.

우리나라는 한국전쟁 이후 부족한 산업자본을 끌어들이기 위해 저축이나 계와 비슷한 개념으로 보험을 판매하기 시작했다. 이러한 영향으로 우리나라 사람들은 보험을 '만기 환급금'을 받기 위한 상품 정도로 생각한다. 일반적으로 저축이나 투자가 목돈 마련을 위한 방편이라면, 보험은 자신의 재산 손실을 최소화하거나 방지하는 방법일 뿐이다. 물론 형편에 따라 목돈 마련 금융 상품으로 활용하는 것도 괜찮은 방법이다. 하지만 보험은 어디까지나 '저축'이 아닌 '비용'에 해당되는 것임을 알아야 한다. '비용'을 지불하는 대가로 '안심'이라는 효용을 얻는 수단이라는 말이다.

보험은 누구에게나 일어날 수 있는 위험에 대비해 여러 사람들이 보험료로 준비금을 마련한 다음, 구성원 중 일부가 우연한 사고로 손해를 입을 경우 보상해 주는 제도를 말한다. 즉, 개인이 재정적 파탄에 빠지지 않도록 해주는 제도인 셈이다.

보험은 크게 개인이 선택하는 민영보험과 국가나 사업자가 주체가 되어 어느 정도 강제성을 띤 사회보험으로 나뉜다. 사회보험은 질병이나 부상, 사망 등에 따른 어려움에 처한 개인이 기본적 생활을 유지하도록 도와주는 사회보장제도다. 국민건강보험과 국민연금, 산업재해보상보험, 고용보험 등 4대 보험이 이에 속한다. 정부가 독점적으로 운영하다 보니 보장 수준이 낮은 단점이 있다. 2008년 7월부터는 노인장기요양보험이 본격적으로 시행될 예정이다.

반면 민영보험은 말 그대로 개인들이 스스로 선택해 가입하는 보험이다. 민영보험은 사회보험을 보완하기 위해 영리 목적의 민간에 의해 운영된다.

요즘 관심을 끄는 생명보험을 살펴보자. 그동안 우리나라에서는 사망보험 중심의 보장성 보험보다는 만기환급형 저축성 상품이 주로 판매되어 왔다. 원래 생명보험은 보장성 기능을 강조하거나 보장과 저축 기능이 균형을 이루어야 함에도 불구하고, 우리나라에서는 오히려 저축 수단에 가까운 역할을 해온 것이다. 만성적인 물가 상승이나 금리 불안정으로 단기 저축성 상품을 선호했기 때문인데, 여기에 일반인들의 보험에 대한 인식 부족도 한몫했다. 사실 우리는

사회보험과 민영보험		
항 목	사회보험(공적 보험)	민영보험(사적 보험)
가입 형태	의무 가입	임의 가입(선택적 가입)
운영 취지	사회적 형평성	개인별 적정성
운영 주체	정부(독점적 운영)	민간 기업(경쟁시장)
보장 수준	사회적 최저 수준 (보험 혜택이 보험료와 정비례하지 않음)	보험료 수준에 따라 증감
보험금 지급	법률로 결정	계약에 따라 결정
종류	· 국민건강보험 · 국민연금보험 · 산업재해보상보험 · 고용보험 · 노인장기요양보험(2008년 7월 실시)	· 생명보험 · 손해보험

오랫동안 보험을 '저축'의 개념으로 치부하거나 친분이 있는 사람의 부탁으로 어쩔 수 없이 드는 귀찮은 존재로 생각해온 것이 사실이다.

현재 우리나라 보험 가입 수준은 OECD 국가 중에서 매우 낮은 편이다. 그러나 최근 일반인 사이에 보험에 대한 인식이 많이 개선되고 있으며, 특히 외국 보험회사들과 국내 대형 생명보험회사들을 중심으로 보장성 보험이 크게 증가하고 있다.

보험을 통한 인생 설계

보험을 선택할 때 가장 먼저 해야 할 것은 자신과 가계에 무엇이 필요한지 파악하는 일이다. 즉, 보험을 통해 해결할 문제가 무엇인지 생각해야 하는 것이다. 가족과 자산을 위험으로부터 지켜줄 보험에 가입할 때는 여러 가지를 신중히 따져봐야 한다. 눈앞의 위험이 당장 소멸할 수도 있고 또 생각지도 않은 위험이 발생할 수 있기 때문이다. 이런 위험의 변화에 따라 가입 보험의 형태가 달라지는 것은 당연한 일이다. 일반적으로 30대 초반까지는 재해·상해를 중심으로, 30대 후반부터는 건강과 사망에 대한 보장에 관심을 기울이는 것이 좋다. 한편 40대 이후는 종신보험에, 50대에는 노후 생활비 마련을 생각하여 저축성 보험을 보유할 필요가 있다.

상품이 결정되었다면 자금을 분석하고 보장액을 계산해 본다. 다시 생명보험을 예로 들어보자. 생명보험은 가장이 부상 또는 사망하여 경제력을 상실하였을 때를 대비하는 것이므로, 먼저 가족의 평생 생활비와 자녀의 교육 및 결혼 비용을 계산해봐야 한다. 여기에다 가계에 추가로 필요한 자금도 보장되도록 고려해야 한다.

별다른 노후 대책이 없는 상황이라면 보험이 반드시 필요하다. 은퇴를 앞두고 있다면 약정 보험금이 유가족에게 지급되는 종신보험이나 일정 기간에 걸쳐 일정 금액이 지급되는 연금보험 등에 관심을 기울일 필요가 있다. 만약 투자로 생각한다면 변액보험을 고려하면 된다.

흔히 인생의 5대 필수자금으로 주택 자금·결혼 자금·긴급 예비 자금·교육 자금·노후 자금을 꼽는다. 목돈이 필요한 주택 및 결혼 자금은 저축을 통해 준비할 수 있고, 생활 자금(긴급 예비 자금)은 개인 소득 창출을 통해 해결할 수 있다. 하지만 장기간의 지출을 요하는 교육 및 노후 자금은 저축과 투자를 통해서도 가능하지만 보험을 통해 해결하는 것이 훨씬 효율적이다.

자식들에게 부양의 의무를 기대할 수 없는 베이비부머들에게 유형의 보험은 노후 대책을 위한 마지노선이라 할 수 있다. 이제는 수동적 자세에서 벗어나 적극적으로 자신에게 맞는 보험을 찾아 나설 때이다.

역모기지로
노후를 대비하라

퇴직을 앞둔 사람이라면 누구나 자신의 노후에 대해 생각할 것이다. 신입사원이라고 예외일 수는 없다. 하지만 신입사원 초기부터 저축하고 투자하는 삶을 살기는 쉽지 않다. 설령 꾸준히 저축한다고 해도 자식이 생기고 뒷바라지하다 보면 결국에는 집 한 채만 남게 마련이다. 이는 우리나라 중산층의 현실이다.

이런 경우 최근 시판되기 시작한 한국주택금융공사의 주택 연금을 이용하면 좋을 것이다. 정부는 고령화 시대가 다가오자 적극적으로 주택 연금 활성화를 유도하고 있다.

그러면 주택 연금이 무엇인지 알아보자. 먼저 모기지와 역모기지를 이해할 필요가 있다. 흔히 말하는 모기지(mortgage)란 부동산을 담보로 주택저당증권(MBS)을 발행하여 장기 주택 자금을 대출해주는 제도를 말한다. 이에 비해 주택 연금이란 소유하고 있는 주택을 담보로 제공하고 매달 일정액의 대출금을 연금식으로 지급받는 상품으로, 바로 역모기지(reverse mortgage)를 의미한다. 즉, 현재 살고 있는 집을 담보로 노후 생활비를 받는 것이다.

역모기지는 우리보다 먼저 고령화를 겪고 있는 선진국에서 자리를 잡았다. 특히 미국은 역모기지가 활성화된 대표적 국가로, 1960년대 민간 역모기지에 의한 문제점을 경험한 뒤 1989년 HECM(Home Equity Conversion Mortgage)라는 공적 주택 연금을 도입했다. 이는 금융기관이 주택 연금에 대한 대출 손실을 입게 되면 정부가 보전해주고, 금융기관이 파산해 연금 지급이 어려워지면 미 연방주택청(FHA)이 대출 채권을 인수해 이용자에게 월 지급금을 주는 제도이다. 미국 정부는 이러한 제도에 대해 자체적으로 성공적

모기지론과 역모기지론 비교

항 목	모기지론	역모기지론
목적	주택 구입	노후 생활(생활비, 주택 수리비 등)
주 이용자	20~30대의 소득자	60대 이후의 노후 생활자
대출	계약 시 일시에 발생	사망 시까지 매월 발생
대출 기간	대출 기간 확정	사망(주택 이전 시) 대출 종료
상환	원리금 분할 상환	주택 처분 후 원리금 일괄 상환
대출금	대출금 감소	대출금 증가

평가를 내린 바 있고, 이용자들도 크게 만족하고 있다.

우리나라에서도 14년 전인 1995년에 일시적으로 역모기지 제도를 실시한 바 있다. 당시 민간 금융기관이 출시한 역모기지론은 대출 기간이 한정되어 있고, 만기 시 대출금을 상환하지 못하면 강제 퇴거라는 위험을 안고 있었다. 또한 종신까지 지급받지 못한다는 것, 주거의 불안정성 등이 문제점으로 지적되기도 했다. 여기에다 높은 대출이자와 까다로운 조건 때문에 판매 실적이 극히 부진하여 결국 사라지고 말았다.

2004년 일부 금융기관에서 다시 도입했지만 역시 실적이 저조했다. 금융기관은 주택 가격과 금리 변동, 계약자의 장수(長壽) 등의 위험 부담으로 인해 이 상품의 취급을 기피했다. 한편 고령자는 고령자대로 만기 이후의 강제 퇴거를 우려하여 이를 외면했다.

일본 역시 우리와 비슷한 상황이다. 일본인들의 토지 불패 신화에 대한 믿음과 1990년대 초 부동산 가격의 하락으로 인한 담보 부족으로 역모기지는 실패하고 말았다. 현재 일본에는 각 지자체가 시행하는 역모기지와 정부가 일부 지원하는 장기생활지원자금대출 등이 있지만, 상속인의 연대보증을 요구하는 까다로운 조건 때문에 사람들이 외면하고 있다. 게다가 지진이 많이 일어나는 지역적 특성 때문에 주택의 담보 가치도 별로 인정받지 못하는 것이 현실이다.

전통적인 가족관의 붕괴 및 고령화·저출산 사회가 된 데다 연금 시스템의 미흡으로 인해, 우리 사회는 노후 대책이 매우 시급한 상태다. 그리고 일정한 소득원이 없고 집만 보유한 가계들이 자신의 집을 담보로 노후 생활을 보장받기 위해 점차 역모기지론에 관심을 기울이고 있다. 국민들의 노후 보장을 위해 정부가 주택 연금 제도를 정책적으로 지원할 경우 국내 주택 연금 제도는 성공할 가능성이 매우 높다. 게다가 유동성이 크고 가격 표준화가 용이한 아파트의 비중이 높은 것도 주택 연금의 활성화에 일조할 것이다.

그러나 문제가 없는 것은 아니다. 역모기지는 그 속성상 미래의 주택 가격과 이자율 변동에 의한 위험 및 사망률 변화에 따르는 위험 등을 품고 있기 때문에, 금융권은 물론 개인도 여러모로 주의하고 대비해야 한다.

한국형 역모기지 제도의 도입

노후 자금이 부족한 사람들에게 유용한 역모기지는 만 65세 이상, 1세대 1주택 소유자를 대상으로 실시된다. 보유 주택을 금융기관에 담보로 제공하면 연금 방식으로 노후 자금을 받게 되는 것이다. 월 지급금은 가입 연령이 높을수록, 주택 가격이 높을수록 더 많이 나오며, 중간에 집값이 오르거나 떨어져도 매월 동일한 금액을 종신으로 지급받는다.

2007년을 기준으로 예를 들면, 시가 3억 원짜리 주택의 소유자라면 만 65세 가입 시 매월 86만 4,000원을 받게 되며, 70세인 경우에는 106만 4,000원을 고정적으로 받게 된다. 물론 이러한 계산은 여러 변수들로 인한 위험을 주택금융공사가 떠안는다는 전제로 한 것이다.

주택 연금은 가진 것이 집 한 채뿐인 사람들에게 아주 유용하다. 하지만 가입자의 생존 기간이 정해져 있지 않고, 장기적으로 금리와 주택 가격이 변동한다는 점에서 보면 불확실성이 크다.

개인들로서도 주택 가격 상승률이 하락하거나 시장 금리가 상승하여 주택금융공사에서 월 지급액을 조정할 경우에는, 지급 가능액이 줄어들기 때문에 매력을 느끼지 못할 수도 있다. 게다가 지급액은 해마다 오르는 물가를 고려하지 않은 명목 금액이다.

연평균 물가 상승률을 4퍼센트로 계산했을 경우 20년 후 지급액 86만 4,000원의 현재 가치는 겨우 40만 원에 불과하다. 따라서 주택 연금 제도가 안정적으로 정착하려면 중장기적으로 금리 및 주택 가격이 안정성을 지녀야 한다. 즉, 시장 금리가 제 수준을 찾고 주택 가격이 안정되어야만 주택 연금 제도가 제대로 기능할 수 있다는 말이다.

만일 금리가 오르고 부동산 거품이 해소되면 주택 가치는 변하게 마련인데, 이는 주택 가격 산정과 가격 변동성 확인을 어렵게 만드는 요인이 된다. 또 주택 가치의 하락은 주택금융공사의 부실로 이어지고 결국은 국민들의 부담으로 남게 된다.

모든 주택이 주택 연금의 대상이 되지는 않는다. 특히 주택 가격의 양극화 현상이 심화되는 요즘, 선호도가 떨어지는 주택은 주택 연금의 대상이 되지 못할 수도 있다. 이는 현실적으로 서울과 수도권, 대도시를 제외한 지역에서는 주택 연금이 활성화되기 어렵다는 말이다. 따라서 앞으로는 유동성이 높고 주택 연금의 대상이 될 수 있는 집이 선호될 것이다.

집을 물려주는 것이 부모의 도리라고 생각하는 우리 국민의 정서상 이 제도가 정착되기까지 많은 시간이 걸릴지도 모른다. 하지만 여건이 충분해지고 유교적 정서를 고려한 한국형 역모기지 제도가 실시된다면 의외로 빨리 정착될 수도 있다. 그럴 경우 주택은 소유의 대상에서 주거와 노후 대비의 대상으로 바뀔 것이다.

신용도 자산이다

일생을 살다 보면 예상치 못한 일로 목돈이 필요할 때가 생긴다. 주변에서 융통할 수 있는 소액이라면 상관없지만, 결혼이나 주택 마련 등 큰 금액이 필요한 상황이라면 금융기관을 찾을 수밖에 없다. 이때 금융기관에서는 돈을 빌리는 개인의 신용을 매우 중요하게 생각한다.

신용(credit)은 상대방이 일정 기간 후에도 상환 또는 지불할 능력을 갖추었다고 인정될 때 물건이나 돈을 빌려주는 것이다. 물론 수수료나 이자를 덧붙여 지불하도록 약속한다. 이런 신용은 개인에 대한 믿음과 함께 그 사람의 경제적 지불 능력까지 평가하는 것이다. 그렇기 때문에 신용은 하나의 자산으로 인정받고 있다.

일반적으로 신용은 가계 대출, 판매 신용, 서비스 신용 등으로 구분된다. 우선 가계 대출은 물건이나 서비스를 사거나 주택을 구입하는 데 필요한 자금의 일부 또는 전부를 일정 기간 빌리는 것이다. 금융기관 대출, 마이너스 통장, 신용카드, 사채(私債) 등이 여기에 포함된다. 판매 신용이란 외상 거래, 카드 사용 등과 같이 일정 횟수로 나누어 갚기로 하고 물건을 구입하는 것이다. 서비스 신용은 서비스를 미리 공급받아 사용한 다음 그 사용료를 지급하는 것으로 전화, 전기, 상수도, 도시가스뿐만 아니라 휴대전화 요금, 인터넷 요금 등도 포함된다.

정보화 사회가 진전됨에 따라 개인의 신용거래 정보는 집중적으로 관리되고 있고 그 신용 등급에 따라 금융거래도 차등적으로 관리된다. 그래서 개인의 합리적인 소비와 더불어 신용 관리의 중요성이 점차 증가하고 있다. 신용 관리를 잘한 사람은 금리와 대출 한도 등의 금융거래 조건에서 우대를 받고, 그렇지 못한 사람은 불이익을 받는다. 똑같은 대출이라도 돈 빌리는 사람의 신용도에 따라 대출의 종류, 대출 가능 금액, 대출이자율, 대출 기간 및 상환 방법 등이 결정된다. 다음 그림은 신용 관리에 따른 금리 차이를 보여주는 것은 아니지만, 실제 신용 등급의 차이에 따라 금리가 배 이상 차이 날 수 있음을 보여준다.

신용 사용이 유리할 경우 신용을 이용하되 자신의 신용 등급을 잘 유지해서 항상 최상의 신용 가치를 유지해야 한다. 또 신용을 사용

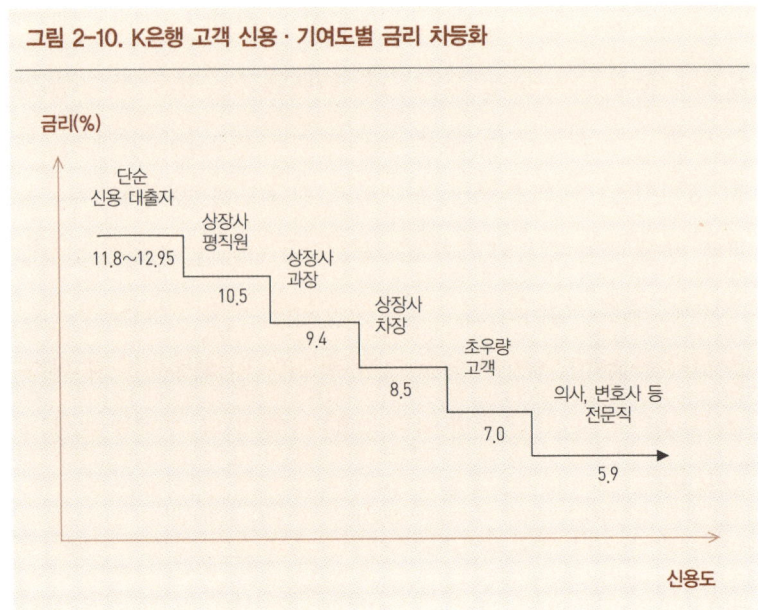

그림 2-10. K은행 고객 신용·기여도별 금리 차등화

금리(%)

단순
신용 대출자

상장사
평직원

11.8~12.95

상장사
과장

10.5

상장사
차장

9.4

초우량
고객

8.5

의사, 변호사 등
전문직

7.0

5.9

신용도

자료 : 매일경제신문(2005.4.23) 보도 인용

하는 데 드는 비용과 신용을 사용함으로써 얻을 수 있는 수익을 비교해서 수익이 비용을 초과하는 경우 신용을 이용토록 한다.

신용을 제대로 사용하려면 신용의 장점을 최대한 활용하고 단점을 줄일 수 있는 전략이 필요하다. 일반적으로 신용 관리 전략은 신용 사용 전(前), 신용 사용 중(中), 신용 사용 후(後)로 나눌 수 있다.

첫째, 신용 사용 전(前) 전략은 자신의 부채 한도를 설정하는 것이다. 자신의 부채 한도는 빌릴 수 있는 최대 액수가 아니라 상환 능력을 근거로 빌릴 수 있다고 생각하는 최대액, 즉 생계비를 줄이지 않고도 채무를 상환할 수 있을 정도로 제한해야 한다. 일반적으로 사용되는 부채 한도는 총가계소득에서 주택에 대한 부채를 제외하고 부채 상환액이 차지하는 비율이 20~25퍼센트 수준을 초과하지 않아야 한다. 부채 총액이 자신의 순자산(자산에서 부채를 뺀 금액)의 3분의 1을 넘지 않도록 하고, 빌린 돈은 3년 안에 갚을 수 있는지 반드시 점검해야 한다.

둘째, 계약상 불이익 회피, 신용 비용 절감 등을 위해 신용 사용 중(中) 전략이 필요하다. 신용은 합당한 비용을 지불하고 제공받는 서비스임에도 불구하고, 대체적으로 소비자가 약자의 위치에 처하게 된다. 그러므로 거래 약관이나 거래에 필요한 정보를 숙지하는 것이 좋다. 또한 신용 비용 절감 전략도 세워야 한다. 그동안은 비용의 과소(寡少) 여부를 떠나서 신용을 이용할 수 있는 가능성에 대해서만 관심을 가졌다. 신용 사용이 필수적인 사회 환경에서 대출 금액, 기간, 상환 방법 등에 관계없이 모든 대출 상품의 이자 비용을 연간 기준으로 환산한 연간 요율로 비교하여 선택해야 한다.

셋째, 신용 사용 후(後) 전략으로는 과다 신용 사용에 적절히 대처하는 것이다. 그러기 위해서는 먼저 자신의 빚을 정확히 파악한 뒤 지출을 감소하거나 소득을 증대하여 부채 상환 여력을 갖추어야 한다.

신용을 과다 사용하여 자신의 부채 한도를 초과한 경우 비상 시 제대로 대처할 수 없고 할부금도 감당할 수 없게 된다. 이때 빚을 갚기 위해 다른 빚을 다시 얻게 되면 문제가 심각해진다. 특히 연체를 했을 때는 높은 연체이자를 지급해야 하므로 빚은 순식간에 커진다.

특히 투기 바람이 불면서 자산담보대출, 마이너스 통장, 현금 서비스 등 사용할 수 있는 모든 신용을 끌어다 투자에 나선 경우를 주변에서 본다. 말 그대로 신용 과소비를 한 것이다. 돈을 벌기 위한 목적의 재테크가 결국 부채만 늘어나게 한 셈이다.

급증하는 국내 개인 파산

과도한 신용 사용으로 인한 연체는 결국은 신용 불량으로 이어진다. 전국은행연합회에서 발표한 국내 신용 불량자 수는 2004년 6월 말 400만 명에 달했다. 신용 불량자 문제는 본인과 국가의 경제적 문제뿐만 아니라 자살, 범죄 등 사회적 문제까지 야기하기 때문에 매우 심각하다. 신용 불량자 문제가 어제오늘의 일은 아니지만 최근 더 심각해진 것은 채무를 변제하기 위한 추가 차입이 차단되면서 개인 파산자가 급증했기 때문이다.

개인 파산이란 개인이 더 이상 채무를 갚을 수 없을 경우 법원에 파산을 신청하여 법원이 이를 받아들이면 채무이행을 정지시켜 주는 법적 제도다. 기업의 경우 파산하면 곧 정리되지만 개인의 경우에는 면책(免責)이 가능하다. 파산자가 파산 선고에 이어 면책 결정까지 받으면 사회생활에 불편을 느끼지 않을 정도의 지위를 회복한다는 점에서, 이 제도는 항상 남용될 가능성이 있다. 오늘날의 경제

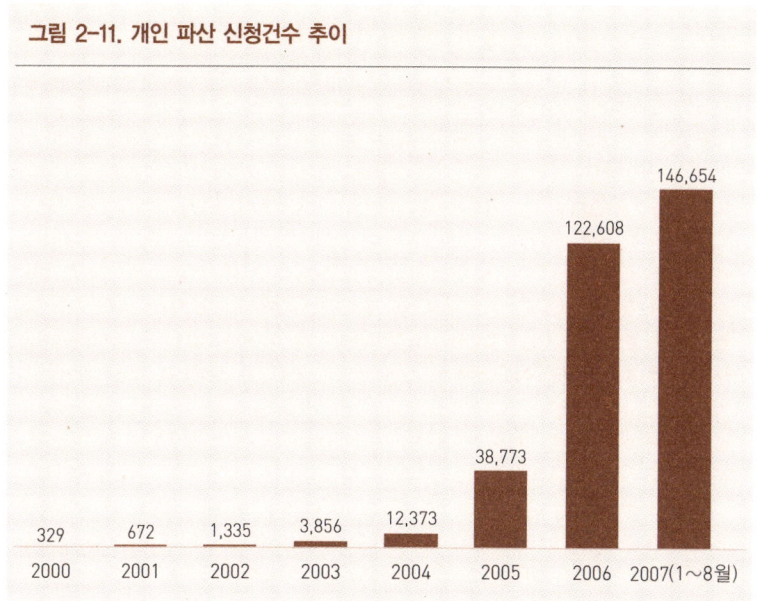

그림 2-11. 개인 파산 신청건수 추이

	2000	2001	2002	2003	2004	2005	2006	2007(1~8월)
	329	672	1,335	3,856	12,373	38,773	122,608	146,654

자료 : 대법원

활동에서 중요한 신용거래에 대한 위협이 되기 때문이다.

외환위기 이전에는 주로 대출 보증 또는 주식 투자 실패 등으로 개인 파산이 발생했지만 그 수가 많지는 않았다. 하지만 최근에는 사업 실패, 생활비 부족 등으로 개인 파산 건수가 빠르게 증가하고 있다. 2006년 4월 통합도산법 시행 이후 개인 파산 신청 절차가 간소화된 점도 있으나, 근본적으로는 개인들이 무리하게 빚을 진 상태에서 경기가 둔화되어 나타난 현상이다. 2006년 개인 파산 신청 건수는 12만 명을 넘어섰고, 2007년 8월까지 벌써 15만 명 가까이나 신청했다.

앞으로 부동산 가격이 하락한다면 일본형 개인 파산이 급속히 늘어날 수도 있다. 일본의 개인 파산은 부동산 거품의 붕괴에 따른 장기 불황에서 기인한 것으로 불황형 파산으로 불린다. 1990년대 부동산 거품이 꺼지면서 당시 1만 건 정도에 불과하던 개인 파산 신청 건수는, 1998년이 되자 사상 처음으로 10만 건을 돌파하기에 이르렀다. 부동산 거품기에 막대한 자금을 차입한 개인들이 막상 거품이 꺼지자 부동산을 팔아도 부채액을 갚지 못하는 상황이 속출한 것이다. 이러한 일본의 개인 파산은 경기 상승기에도 불구하고 과도한 카드 사용과 현금 관리의 미숙 등에 기인한 미국의 과소비형 파산과는 여러모로 대비된다.

현재 국내 신용정보회사는 과거보다 더욱 엄격한 기준으로 개인의 신용 정보를 관리하고 이를 은행과 공유하고 있다. 한번 나빠진 개인 신용은 좀처럼 회복되기 힘들다. 그러므로 자신의 자금 상황을 잘 살펴 자신에게 맞는 상환 방법을 선택하는 것이 매우 중요하다. 신용이란 말 그대로 그 사람에 대한 신뢰이다. 이제는 그 신뢰를 잃지 않도록 신용 관리를 철저히 해야 하는 시대다.

금융 지식은 창이다

얼마 전 재미난 기사를 읽었다. 보험 설계사가 2000년부터 감소하기 시작하여 현재는 겨우 절반만 남았다는 것이다. 원인으로는 금융 지식의 부족이 먼저 꼽혔다.

하지만 이는 보험 설계사만의 문제가 아니다. 자본시장통합법 시행을 앞둔 지금, 개인들 또한 보험 가입과 주식 투자에 더욱 심도 있는 금융 지식이 필요하게 된 것이다.

외환위기 이전만 해도 개인의 재무 상태는 그야말로 평탄했다. 부모 도움으로 교육을 받은 뒤 남자는 군복무를 마친 25~30세 사이에 대개 취업과 결혼을 했으며, 여자들은 취업과 결혼 가운데 하나를 선택했다. 당시는 고도의 경제성장 시기였으므로 취업이 그다지 어렵지 않았다. 게다가 금리가 높은 시절이라 은행에 돈을 맡기면

연 10퍼센트 이상의 수익률이 보장되었다. 부동산 투자도 시간이 걸리기는 했지만 어김없이 목돈을 손에 쥐게 해주었다.

또한 당시는 큰 잘못을 저지르지 않는 한 대개 정년이 보장되던 시기였다. 보통 55~60세 사이에 은퇴를 했고 이후 노후 생활은 별로 힘들 게 없었다. 자식이 노후 생활의 보험 역할을 수행했기 때문이다. 그렇지 않더라도 저축이나 퇴직금 등으로 얼마든지 노후를 지낼 수 있었다.

이처럼 순탄하기만 했던 개인의 재정 상태가 외환위기 이후 급격히 변했다. 무엇보다도 젊은이들의 사회 진출이 늦어지고 기성세대의 조기 퇴직이 일상화되었다. 즉, 개인의 소득 창출 기간이 전반적으로 줄어든 것이다. 이는 평탄한 재무 상태를 더 이상 꿈꿀 수 없다는 의미였다.

금융 지식을 쌓는 일에 적극적인 젊은 세대는 그나마 안심이다. 문제는 타성에 젖어 살아온 베이비부머들과 그 주변 세대들이다. 이들이 건강한 노후를 보내려면 본문에서 지적했듯이 스스로는 물론 가계까지도 구조조정을 단행해야 한다. 그렇지 않으면 2010년 이후 외환위기보다 더 큰 고통에 빠질 수 있다.

원고를 쓰는 동안 종종 지하철을 이용했다. 그러던 어느 날, 앞으로 무엇을 준비해야 하는지 묻는 49세의 K씨를 만나게 되었다. 전형적인 베이비부머인 그는 원고를 다듬는 나를 유심히 보고는 했다. K씨는 주택담보대출을 통해 마련한 아파트에 거주하고 있었다. 비교적 큰 아파트를 마련하느라 월 70만 원의 이자를 부담한다고 했다. 또 부부의 연봉을 합치면 대략 6,000만 원인데도 늘 여유가 없다고도 했다.

K씨 가정의 월 지출액은 대략 500만 원 정도였다. 대출금은 여전히 1억 원이나 남아 있었다. 그가 은퇴하고 자녀 뒷바라지까지 마무리하면 노후 자금이 얼마나 남게 될까? 만약 50대 중·후반에 은퇴한다면 불과 7~8년이 남아 있을 뿐이다. 은퇴 후 적어도 25년은 더 살아야 하니, 연금을 수령하고 약간의 부동산도 가지고 있다지만 미래는 여전히 불안하다. 그에게는 실물 자산이 있을 뿐 금융자산은 거의 없었다. 나는 K씨에게 금융자산의 중요성을 강조했다.

우리에게는 건전한 금융 지식이 필요하다. 건전한 금융 지식이란 노후 생활을 대비한 저축, 투자, 자산 관리에 관한 진짜 금융 지식을 말한다. 이런 금융 지식을 쌓기 위해서는 금융 시장의 구성은 물론 수많은 금융기관들의 역할과 이들이 제시하는 금융 상품에 대해 알아야 한다. 또한 금융 상품의 특징, 위험성, 수익성, 절세, 환금성 등에 대해서도 살펴야 한다.

이것뿐만이 아니다. 하나 이상의 경제신문을 보며 나라 안팎의 경제 상황도 꾸준히 파악해야 한다. 물론 자신이 습득한 금융 지식대로 세상이 돌아가지는 않지만 이렇게 준비하는 것이 자신에게 닥쳐올 위험을 줄이는 길이다. 금융 지식의 차이는 곧 부의 차이를 가져오니까 말이다.

경제의 최전선에 있다 보니 곧 부의 재편이 이루어지리라는 사실을 누구보다 절감한다. 사실 5년 전부터 이런 가능성에 대해 꾸준히 생각해 왔다. 부의 재편이 이루어지면 특히 중산층과 베이비부머들이 불행해질 수 있다는 생각을 했다. 나는 이런 현실을 피하고자 책을 쓰게 되었다.

나는 베이비부머들과 사회 초년생, 그리고 은퇴한 사람들 모두에게 현실의 변화를 제대로 알려주고 싶었다. 그러나 여러 사정으로 원고에 손도 대지 못한 채 몇 년이 훌쩍 지나고 말았다. 이런 점을 안타까워하고 있을 때 고맙게도 21세기북스에서 먼저 손을 내밀었다.

한편으로 독자에게 양해를 구할 일이 있다. 이 책에서 다룬 내용이 주로 800만 명에 이르는 베이비부머들과 그 주변의 중산층이다 보니, 다른 세대는 물론 저소득 계층에 관련된 내용이 부족했다. 앞으로 기회가 주어지면 이와 관련된 내용의 원고를 기술할 생각이다. 어쨌든 5년 동안 고민한 것들이 한 권의 책으로 나온다고 생각하니 흐뭇할 뿐이다.

항상 장남 잘되기를 기원하시는 부모님, 간혹 장남 역할을 대신하는 동생들, 그리고 멀리 떨어져 있지만 내가 아끼는 가족들. 그들이 없었다면 이 책은 나오지 못했으리라. 이 자리를 빌려 감사의 말씀을 전하고 싶다. 그동안 많은 도움을 주신 김주현 원장님을 비롯한 현대경제연구원 식구들에게도 따로 감사를 드린다.

그리고 다행스럽게도 내 주위에는 글재주를 지닌 친구들이 있다.

관수, 기정 그리고 원고를 철저히 읽어준 민식 등이 있는데, 그들의
애정 어린 지도와 격려가 없었다면 이 책은 완성되지 못했으리라.
그저 감사할 따름이다.

2008년 5월

박덕배 拜上